하버드 교육대학원생들이 논한
21세기 교육의 7가지 쟁점

HARD QUESTIONS ON GLOBAL
EDUCATIONAL CHANGE Copyright
ⓒ 2017 by Teachers College, Columbia
University

First published by Teachers College Press,
Teachers College, Columbia University,
New York, USA. All rights reserved.
Korean translation copyright ⓒ 2020 by
Erick Press
Korean translation rights arranged with
Teachers College Press through EYA(Eric
Yang Agency).

이 책의 한국어판 저작권은 EYA(Eric
Yang Agency)를 통한 Teachers
College Press 사와의 독점계약으로
'교육을바꾸는사람들'이 소유합니다.
저작권법에 의하여 한국 내에서 보호를
받는 저작물이므로 무단전재 및 복제를
금합니다.

하버드 교육대학원생들이 논한

21세기 교육의 7가지 쟁점

파시 살베리
조너선 하사크
바네사 로드리게즈
외 지음

이종태
이찬승
옮김

교육을바꾸는사람들

차례

감사의 글   7

제1장   교육자들은 교육변화에 관한 난제들에
어떻게 답하는가   13

제2장   학부모에게 학교 선택권을 주면
모두를 위한 교육을 개선할 수 있는가?   31
재닌 캠벨, 앨라인 행키, 조녀선 세이든

제3장   표준화시험의 문제점에 대한
올바른 답은 무엇인가?   55
모마르 디엥, 일레인 코, 로런 마스턴

제4장   교사의 자격은 무엇이어야 하는가?   77
파이루즈 알리아 자말루딘, 로런 오언, 엘리스 포슬웨이트

| 제5장 교원노조는 여전히 필요한가? | 107 |

아디티 아디카리, 제이슨 브라운, 어맨다 클론스키

| 제6장 학교가 기술을 도입하면 더 똑똑해질 수 있는가? | 127 |

추 첸, 리마 수라야, 콜야 볼레벤

| 제7장 학교는 학생들을 미래 직업세계에 제대로 준비시킬 수 있는가? | 147 |

러브 버사일럿, 테런스 탠 웨이 팅, 샤론 유

| 제8장 고등교육이 거래적 성격을 가져도 좋은가? | 181 |

재커리 골드먼, 웬 추, 랜디 타르노위스키

| 제9장 우리는 난제들로부터 무엇을 배울 수 있는가 | 201 |

저자 소개　214

감사의 글

2015년 여름, 나는 하버드 교육대학원에서 한 학년도를 마치고 다음 학년도를 기다리면서 석·박사 과정 학생들을 위한 새로운 강좌의 아이디어를 찾고 있었다. 세계 여러 나라의 교육대학을 두루 살펴봐도 각기 다른 나라에서 학교개혁이나 교원정책, 교수 실제가 어떻게 이루어지고 있는지와 같은 국제적인 교육 현안을 공부할 수 있도록 개설된 강의들은 그리 많지 않았다. 대학의 강좌 목록에서 찾기 힘든 또 하나의 주제는 바로 세계 교육개혁에 관한 고찰, 즉 교육 정책과 실제, 교육의 미래에 관한 첨예한 질문에 균형 잡힌 관점을 제공해줄 과목이었다. 그래서 나는 '세계 교육변화에 관한 난제들(Hard Questions on Global Educational Change)'이라고 이름 붙인 강좌를 개설하기로 결심했다.

하지만 이 강좌를 시작하기에 앞서 스스로 내건 하나의 조건이 있었다. 나는 이 강의를 혼자 진행하고 싶지 않았다. 한두 사람의 강사가 나를 도왔으면 좋겠다고 생각했다. 다행스럽게도 두 명의 학생이 용감하게 그 도전에 응했다. 당시 바네사 로드리게즈(Vanessa Rodriguez)는 하버드 교육대학원 박사과정생이었고, 나는 그녀의 논문 심사위원 중 한 사람이었다. 2년 전 하버드 교육대학원을 졸업한 조너선 하사크(Jonathan Hasak)는 앞서 내 강의를 들었던 학생으로 당시는 나의 다른 강좌에서 조교로 근무하고 있었다.

공식적인 감사의 말을 전하기에 앞서 이 강좌에 대해 조금 더 설명할 필요가 있겠다. 우리는 세계의 교육 현안에 관해 관심이 크고 그에 관한 경험도 있는 학생 21명을 선발했다. 간단치 않은 교육 문제들에 관해 배울 수 있는 안전하고 편안한 환경을 조성하기 위해 그해 내내 매주 90분씩 학생들과 만나기로 했다. 우리는 학생들이 특히 교육개혁과 관련해 가장 흔한 문제와 논점들을 배우고, 이 교육변화와 관련된 질문들을 국제적 관점에서 이해하며, 교육변화에 관한 난해한 질문 속에서 사실과 허구를 분간하는 법을 배우고, 소셜미디어와 다른 도구들을 활용해 변화를 촉진하고 아이디어를 공유할 수 있기를 기대했다.

    가을학기가 끝날 무렵 학생들의 토론을 듣고 그들이 쓴 에세이를 보면서, 우리는 이러한 대화와 생각들을 우리만 알고 있을 게 아니라 더 널리 공유해야겠다고 생각했다. 그래서 학생들에게 겨울방학 동안 다음 두 가지 질문에 대한 답을 생각해 오도록 했다. 첫째, '자신의 마음에 가장 와 닿는 난제 하나에 대해 책의 한 장(章)을 쓸 수 있겠는가?', 둘째, '그 난제는 무엇이겠는가?' 이 책의 발상은 바로 그렇게 탄생했다. 사실상 애리조나주립대학교 교수 데이비드 베를리너(David Berliner)와 진 글래스(Gene Glass)가 쓰고 편집한 『50 Myths and Lies About American Public Schools: The Real Crisis in Education(미국 공립학교에 관한 50가지의 신화와 거짓말: 교육의 진짜 위기)』(Teachers College Press, 2014)라는 책에서 영감을 얻은 이 여정에 참여하게 된 것에 학생들은 하나같이 들떠 있었다. 우리는 국제적으로 논의되고 있는 교육변화에 관한 7가지 쟁점을 책에 담기로 결정했다.

    우리는 봄 학기 내내 이 7개의 쟁점을 두고 강도 높게 작업했다. 관련 문헌을 연구하고, 최근에 출간된 학술 텍스트와 대중적 텍스트를 찾아 읽고, 여러 전문가와 학자들을 면담하고, 셀 수 없을 만큼 초고를 쓰고 고치는 사이, 학생들은 더 깊이 있게 배우고 더 좋은 글을 쓰는 작업에 진정으로 몰입했다. 각 팀 당 쓸 수 있는 단어 수를 제한해서 학생들이 명료한 표현에 초점을 맞춰 자신만의 글쓰기 방식을 찾을 수 있도록 북돋웠다. 학생들이 이에 얼마만큼의 성공을 거뒀는지는 책을 읽는 독자 여러분의 판단에 맡긴다.

이 책이 빛을 보게 되기까지 여러모로 기여해준 많은 분들께 감사의 인사를 드린다. 먼저, 이 책의 바탕이 된 강좌를 기획하고 강의하는 내내 동료가 되어준 공저자 바네사 로드리게즈와 조너선 하사크에게 감사를 전한다. 두 사람의 지원과 학생들에 대한 보조가 없었다면 이 책은 불가능했을 것이다.

다음으로, 한 명 한 명의 모든 학생과 수강생 전체는 감사의 말과 찬사를 들을 자격이 있다. 아디티 아디카리, 러브 버사일럿, 제이슨 브라운, 재닌 캠벨, 추 첸, 모마르 디엥, 파이루즈 알리아 자말루딘, 재커리 골드먼, 앨라인 행키, 어맨다 클론스키, 일레인 코, 로런 마스턴, 로런 오언, 엘리스 포슬웨이트, 웬 추, 조너선 세이든, 리마 수라야, 랜디 타르노위스키, 테런스 탠 웨이 팅, 콜야 볼레벤, 샤론 유. 싱가포르에서 칠레, 중국에서 미국에 이르는 총 15개국 출신의 이 국제적 수강생들 덕분에 우리가 함께 교육의 가장 중요한 현안을 다각도로 파고들 때 입체적인 다국적 시각을 갖출 수 있었다.

저명한 학자와 사상가들이 일부러 시간을 들여 학교를 방문해 학생들과 견해를 나누는 아량을 보여주었다. 안젤로 가브리엘라토스(Angelo Gavrielatos), 앤디 하그리브스(Andy Hargreaves), 스티븐 헤인먼(Stephen Heyneman), 리베카 홀컴(Rebecca Holcombe), 필 맥레이(Phil McRae), 니콜라스 네그로폰테(Nicholas Negroponte), 다이앤 래비치(Diane Ravitch), 켄 로빈슨 경(Sir Ken Robinson), 용자오(Yong Zhao), 하워드 가드너(Howard Gardner), 그리고 마티 웨스트(Marty West). 소논문을 쓰기 위한 자료를 모으는 과정에서 학생들은 전 세계 교육전문가들을 면담하기도 했다. 여기서 모두의 이름을 언급하기는 어렵지만, 학생들이 각자 선정한 논제를 좀 더 깊이 이해할 수 있도록 도와준 모든 분들께 진심으로 감사드린다.

아울러 이번 강좌를 열어 이 책을 만들 수 있게 기회를 준 하버드 교육대학원 동료들에게도 감사드린다. 특별히 이번 학년도 내내 우리 모두에게 중요한 도움과 지원을 제공해준 행정실 웬디 앵거스에게도 감사를 전한다.

출판사의 노고와 격려, 부드러운 압박이 없다면 어떤 책도 완성될 수 없을 것이다. 편집자로서 탁월한 안목을 보여주었고 막판에 수정이나 변경을 요청할 때도 인내심을 발휘해준 컬럼비아대학교 사범대 출판부(Teachers College Press)의 세라 비온델로에게 감사드린다. 세라에게서 나는 글쓰기에 대해, 그리고 공저자의 텍스트를 편집하는 일에 대해 다시금 새로이 배울 수 있었다.

마지막으로, 내가 당초 약속했던 것보다 훨씬 오랫동안 이 책을 붙들고 있느라 함께 충분한 시간을 보내지 못했던 아내 페트라와 두 아들 오토와 노아에게 고마움을 전하고 싶다. 아직 학교에 갈 나이가 되지 않은 어린 자녀를 두고 있으면 교육문제에 대해 특별한 관점을 갖게 된다. 이 책에서 다룬 난제들 각각은 수백만의 다른 학부모들에게도 그렇겠지만 내 아들들의 장래를 위해서도 중요하다. 이것은 가족과 함께 했어야 할 시간에 이 책에 매달린 것에 대한 변명이기도 하다. 가족들도 언젠가는 이해하고 받아들이리라 믿는다.

한 해에 걸친 여정의 막바지에, 바네사와 조너선, 그리고 나는 학생들에게 우리와 함께 공부하며 배운 점을 글로 남겨보게 했다. 다음은 한 학생이 쓴 글이다.

나는 우리가 이 난제들 중 몇몇에 대해서는 결국 답을 찾지 못할 수도 있지만, 중요한 것은 시간을 들여 정보를 수집하고, 관계자들과 대화하고, 사안의 모든 측면을 검토하는 일임을 알게 되었다. 다시 말해, 국제 교육분야에서 일할 생각이 있는 사람이라면 일정 수준의 불편함을 느끼는 게 중요하다는 것을, 그렇지 않고 닫힌 마음으로 어떤 문제와 제대로 씨름해 보기도 전에 모든 결정을 내려 버리는 사람은 이 분야에 해를 끼치기밖에 못하리라는 것을 나는 깨달았다.

이 말은 교육, 특히 남을 가르치는 일을 평생의 직업으로 선택한 모든 젊은이들에게 이 책을 헌정하면서, 출간작업에 참여한 우리 모두를 대신해 내가 전하고 싶은 말이기도 하다.

―파시 살베리

제1장 교육자들은 교육변화에 관한 난제들에 대해 어떻게 답하는가

우리는 착잡한 마음으로 2016학년도 하버드 교육대학원 졸업식 행사를 지켜보았다. 마음 한편으로는 이 학생들과 그들이 대학원 과정에서 이룬 성취가 기특하고 자랑스러웠다. 그들 중 다수는 부와 번영을 가져다주었을 게 틀림없는 분야에서 일찌감치 쌓은 전도유망한 경력을 뒤로하고 교육대학원에 입학했다. 경력을 조금 갉아먹더라도 최소한 그만한 시간이나마 세계 전역의 어린이와 청소년들이 받게 될 교육의 질을 향상시키는 데 헌신하자고 마음먹은 사람들이었다. 다른 한편 우리가 당혹감을 느낀 까닭은, 이 새로운 졸업생들이 오늘날의 복잡하고도 급변하는 교육계에 필요한 것이 무엇인지를 실제로 알고 있을지, 그리고 파악한 그 과제를 끝까지 완수해낼 수 있을지 확신이 서지 않았기 때문이다. 수백 명의 졸업생 중 단지 소수만이 교실 현장으로 돌아가 실제 아이들을 가르치는 데 새로 배운 지식을 활용하게 되리라는 것도 슬픈 일이었다. 졸업가운을 입고 롱펠로 홀의 복도를 지나 마침내 학위를 받을 래드클리프 야드로 걸어가는 그들은 스스로 아직 모르는 부분이 있다는 걸 알고 있을까? 우리는 과연 교육에 관한 난제들을 다루는 법을 그들에게 가르친다는 목표를 제대로 완수한 것일까?

교육대학원에서 학생들을 가르치는 전반적인 목표는 혁신가(changemaker)를 양성하는 것이다. 대학원 과정 초기에 학생들에게 졸업 후의 계획을 물으면, 대개 교육제도와 학교가 현재 돌아가는 방식을 바꿔보고 싶다고 대답한다. 일부는 국제개발기구에서 일하겠다는 포부를 밝히기도 하고 또 다른 학생들은 사회적 기업가가 되어 빈곤아동이나 여아교육(girl's education)과 같은 특정 측면의 교육에 집중하겠다고 말하기도 한다. 생각건대 혁신가는 개혁의 성공에 필요한 기초적 역량을 갖춰야 하는데, 거기에는 교육적 난제나 세계 교육개혁운동의 중요성에 대한 이해력, 효과적인 논평기사 작성 능력 등이 포함된다. 하지만 대학원 프로그램에는 이러한 핵심능력을 길러줄 만한 강좌가 거의 없다.

교육계 혁신가들을 비롯해 당면한 교육제도를 개선하려는 사람들이 처한 세계는 오늘날 그 어느 때보다 복잡해졌다. 젊은이들이 보유하고 이해하고 체화해야 한다고 여겨지는 정보, 지식, 기술은 지속적으로 증가하고 있을 뿐 아니라 미래사회에서의 중요성이나 관련성 면에서도 계속 변하고 있다. 이 새로운 현실에 대처할 수 있도록 전체 교육제도를 시급히 정비해야 할 필요성은 세계 전역에서 분명해졌다. 이 점은 다른 나라들에 비해 더 나은 성취를 보이는 교육제도를 지닌 나라에도 해당되지만, 교육자의 세계가 이처럼 점점 더 복잡해지고 있는 가장 중요한 한 가지 이유는 아마도 학교의 역할과 세상이 돌아가는 방식 사이의 간극이 벌어져 온 탓일 것이다. 이제 우리는 구글이나 왓슨을 비롯한 다양한 기술이 모든 지식을 눈 깜짝할 사이에 우리 앞에 가져다주는 세상에서 청소년들이 과거와 같은 방식으로 지식을 습득할 필요가 있는지에 대해 논쟁을 벌인다(Wagner, 2012). 어떤 이들은 노동시장에서 일상적으로 사용되는 기능에 대한 수요가 급격히 준 탓에 기존의 직업훈련 프로그램 중 많은 수는 쓸모없거나 불필요해졌다고 주장한다. 다시 말해, 교육계에 종사하는 사람이라면 교실 현장에서 일하든 정책이나 혁신 분야에서 일하든 상관없이 교육의 사회·경제·정치적 맥락에 대해 한층 넓고 깊게 이해하고 있어야 한다는 것이다. 오늘날 교육에서 맞닥뜨리는 여러 근본적 문제들은 그 성격상 국제적이어서(Hargreaves & Shirley, 2012), 우리가 교육 혁신가들에게 기대하는 역량에 또 다른 차원을 부여하고 있다.

세계화(globalization) 또한 국제적 관점에서 교육제도가 동시성을 띠게 되는 데 일조했다. 이것은 꼭 같지는 않더라도 유사한 교육적 쟁점들이 여러 나라에서 동시에 제기될 수 있다는 것을 의미한다.

노동력, 학생, 기업의 국제적 이동성이 점차 증가하면서 세계 각국에서 교육정책의 핵심 주제였던 교육과정, 시험, 자격인증제도가 표준화되고 있다. 교육인구 증가로 교육비가 증가함에 따라 효율성, 성과, 책무성은 오늘날 각국의 교육지도자들이 관심을 기울이는 주요 요소가 되었다. 그 결과 데이터에 기반한 다양한 교육정책이 앞으로 필요한 대안으로 제시되기도 한다. 가령, OECD의 국제학업성취도평가(PISA)와 같은 국제학생평가, OECD의 교수학습국제비교연구(TALIS) 같은 교수학습조사연구는 각국의 교육정책 및 개혁을 위한 주요 정보원으로 그 사용도가 계속 커지고 있다. 국제 교육통계와 성과지표 역시 이제는 여느 교육 전문가나 혁신가들도 일반적으로 활용하는 데이터 기반 접근법의 일례들이다. 이 책에서 우리는 전 세계적으로 교육정책과 현장 실천의 형태를 결정짓는 복잡다단하고 논쟁의 중심에 있는 문제들을 '교육변화에 관한 난제'라 칭한다. 이러한 문제들은 무수하지만, 여기서는 가장 긴급하다고 생각되는 7가지만을 다루고 있다. 우리는 독자들이 이외에도 새로운 난제들을 언명해보고, 그 질문을 활용해 스스로 교육에 대한 이해를 넓혀나가기 바란다.

교육혁신가에게 필요한 세 가지 기초 역량

교육대학원 졸업생들이 무엇을 알아야 하고 또 할 줄 알아야 하는가에 대한 국제 표준이나 공통적인 기대는 없다. 교육제도에 따라 그리고 대학에 따라 교육대학원 프로그램은 그 범위나 내용이 매우 다양하기 때문이다. 어떤 학생들은 이 책의 각 장을 집필한 공저자들처럼 교육대학원 과정 1년 만에 석사학위를 받는다. 미국의 다른 대학에서 공부하는 학생들 다수는 대학원에서 2년을 보내면서, 교육에 관한 훨씬 포괄적인 강좌를 수강한다. 그런가 하면, 핀란드의 교육대학원 학생들은 통상 5년을 공부하면서 두 편의 연구논문을 쓰고 학위를 받는다(Sahlberg, 2015). 미국과 여타 대부분의 나라에서 교육대학원 신규 입학생들이 졸업할 때는 서로 크게 다른 지식과 능력을 갖춘 채 학위를 받는다. 우리가 주장하는 바는, 거쳐 온 대학이나 학위, 대학원 프로그램은 서로 달라도 오늘날의 교육혁신가는 현재 제도적으로 필수 요구사항이 아니더라도 다음 세 가지 핵심 역량을 갖춰야 한다는 것이다. 그 세 가지란 교육변화에 관한 난제들을 파악하고 그에 대응하는 능력, 세계적 동향과 그 동인(動因)을 이해하는 능력, 분명하면서도 설득력 있는 의견을 바탕으로 글을 쓰는 능력이다.

난제 이해의 중요성

교육은 상업적 이익집단의 개입이 늘면서 점점 더 정치화되었다. 미국만의 이야기가 아니라 전 세계적인 현상이다. 특히 교육개혁을 작동시키는 교육분야 연구와 교육변화에 관한 지식은 이제 기업, 자선가, 싱크탱크, 다양한 국내외 기구들까지 포함하는 투자자들의 힘에 갈수록 영향을 받고 있다. 그 결과, 특히 학교 선택, 표준화시험, 교직, 데이터 기반 거버넌스와 책무성, 교육공학, 또는 교육을 상품이자 사적재(私的財)로 인식하는 것과 같은 사안이 제기되면, 연구 증거는 상황에 따라 달라지고 취약해질 수밖에 없다(Mundy, Green, Lingard, & Verger, 2016). 이 책의 목적은 현재 벌어지고 있는 교육논쟁 중 난해한 몇 가지 문제를 좀 더 자세히 조명해보고, 그럼으로써 정책 입안 시 기초가 되는 연구 증거의 주관적 성격에 대한 인식을 높이는 데 있다.

지난 30년간 세계 여러 나라는 공적, 국가기반 접근부터 시장기반의 경제적 접근까지 폭넓은 스펙트럼 상에서 거버넌스, 교육과정, 재정, 리더십에 관한 접근법을 각기 달리해 왔다. 대략적으로, 국가기반 접근은 교육을 일차적으로 시장경쟁을 벗어난 공공재(公共財)로 보는 모델을 포함한다. 북유럽 국가, 캐나다, 독일과 같은 나라들은 통상 고율의 세금을 징수해 의료 및 교육과 같은 사회복지사업을 개선하고 좀 더 균등하게 제공하는 데 사용한다. 정치경제적 스펙트럼의 반대편에 위치한 시장기반 정책들은 교육서비스를 누가 제공하느냐를 두고 사기업과 공공조직 간의 경쟁을 부추긴다. 신자유주의적 접근으로 알려진 이 방식은 영국, 호주의 일부 지역, 그리고 점차 미국에서도 선호되는 경향을 보이고 있으며, 최근에는 라이베리아, 케냐, 필리핀 같은 개발도상국까지 확산되었다. 이러한 접근은 규제완화를 우선시하고, 민간기업과 민관 파트너십을 공적 자금으로 지원해 교육 및 다른 공공재를 전달한다(Adamson, Åstrand, & Darling-Hammond, 2016). 이제는 국제적으로 비교 가능한 교육 데이터가 충분히 축적되어 이처럼 서로 다른 접근이 갖는 장단점 분석이 용이해졌다.

지난 15년 동안, 새로운 국제학생평가에서 도출된 데이터, 특히 OECD에서 주관하는 국제학업성취도평가(PISA) 데이터는 교육성취도에 관한 전혀 새로운 지형을 창출했다. 기존의 많은 국제적 교육모델들은 지위를 잃고 이 같은 국제비교조사에서 높은 점수를 보이는 신규 국가와 교육제도에 그 자리를 넘겨주었다. 이제 PISA 데이터와 그 밖의 비교 가능한 국제통계들은 (지방정부 또는 한 국가의) 전체 교육제도를 아우르는 사례연구 및 조사연구 자료와 함께 교육에서 중점적인 정책 문제를 논의하고 토론하기 위한 대안적 방식을 제공한다.

민간기업들이 교육개혁에 대한 관심을 상품화해 내놓기 위해 새로운 복합적 평가방식을 활용하는 이 시대에, 혁신가들은 데이터와 정책을 현명하게 취사선택할 수 있어야 한다. 무엇보다 중요한 것은 교육전문가와 교육개선을 추구하는 사람들이 교육변화의 난제를 짚어낼 충분한 지식과 그에 대응할 충분한 역량을 갖추고 있어야 한다는 점이다. 이는 혁신가들에게 다음과 같은 임무를 부여한다.

- 연구결과를 활용해 교육변화의 성공모델을 찾아낼 것
- 변화에 대한 지식과 연구를 바탕으로 성공을 좌우할 결정적인 새로운 질문들을 만들어낼 것
- 매우 중요한 이 질문들에 대한 찬반 양편의 주요 논거를 이해할 것
- 교육개혁의 난제들에 관해 전문가와 일반 대중 모두에게 설득력 있게 읽힐 글을 쓸 것

세계교육개혁운동에 대한 지식의 중요성

자신이 몸담고 있는 학교 밖의 교육계가 어떻게 돌아가고 있는지 잘 알지 못하더라도 교실에서 가르치거나 학교를 이끌 수는 있다. 그러나 우리는 지역 단위 활동가조차 세계 교육계의 정황에 대한 기초적 인식만 갖추고 있어도 도움을 얻을 수 있는 상호 연결된 세계에 살고 있다. 교육이론, 교수법, 교육과정, 학습도구는 여러 교육제도 사이에 거의 차이가 없다. 제도 수준에서 교육원칙과 정책을 더 자세히 들여다보면 오늘날 여러 교육제도 간의 공통점이 한층 더 발견된다. 혁신가들이 세계 교육변화의 주된 동향이 무엇인지 파악하고 있을 때 교육개혁의 성공 가능성도 증대된다고 우리는 주장한다. 이를 위해 짚어봐야 할 핵심적인 개념이 바로 '세계교육개혁운동(Global Educational Reform

Movement, GERM)'이다(Sahlberg, 2016).

　　세계교육개혁운동, 또는 머리글자만 따서 'GERM('세균'이라는 뜻도 된다―옮긴이)'이라고도 알려져 있는 이 개념은 표준화 운동(standardization movement)에 관한 앤디 하그리브스(Andy Hargreaves)의 연구에 처음으로 등장했다. 1990년대에 전 세계적으로 인기를 얻기 시작한 움직임이었다(Hargreaves, Earl, Moore, & Manning, 2001). 하그리브스는 이를 세계교육개혁의제(Global Education Reform Agenda)라고 불렀다. 'GERM'이라는 용어 자체는 OECD의 PISA가 국제적 교육정책 논의의 중심 주제가 된 이후인 2000년대 초기에 만들어졌다. 주로 국제개발기구와 민영기업의 이해관계로 촉진되기는 했지만, 교육정책 및 개혁의 세계화에 애초 영향을 준 것은 세계 교육제도의 수준과 형평성 향상을 목표로 했던, 선의에서 시작된 세 가지 별개의 국제 교육 사조였다(Sahlberg, 2015).

　　그 첫 번째는 교육에 대한 구성주의적 접근으로, 이 사조 덕분에 1980년대 후반부터 교육의 초점이 교사(지도 또는 투입)에서 학생(학습 또는 산출)으로 점차 옮겨 갔다. 그 여파로 교육개혁가들과 정책입안자들은 학생들의 학습과 교육과정 표준, 생산적인 교수법에 대해 좀 더 분명하고도 높은 기대치를 요구하기 시작했다. 두 번째는 1990년대에 세계적으로 중요한 주제가 된 모든 학생에 대한 책임 있는, 포용적 교육을 요구하는 대중의 목소리가 커진 현상이다. 세계적으로 모두를 위한 교육의 품질을 보장하기 위해 중앙정부가 주로 시도했던 것은 국가 수준의 교육과정과 성취기준을 따르도록 강제화하고 이와 연계된 표준화시험을 도입하는 것이었다. 세 번째 사조는 학교의 자율성을 높이는 동시에 교사들에게도 각자 최선이라 생각하는 대로 교실수업을 설계할 수 있도록 자율성을 확대한 교육 거버넌스의 분권화였다.

2000년부터 의사결정의 중심이 중앙부처에서 지방정부와 학교로 이동하기 시작했다(Sahlberg, 2015). 중앙에서 지역사회와 학교로 권력이 이동하게 됨에 따라 학교의 자율성이 신장되었지만 동시에 그만큼 학교와 교사들의 책무성도 높아졌다.

혁신가들은 이 'GERM'이란 것이 각 국가별로 어떤 모습을 드러내는지를 인식해야 한다. 이어 제시할 GERM의 현현 방식들은 종종 교육변화의 난제를 키우는 뿌리가 돼 왔다.

첫째로 나타나는 GERM의 양상은 학부모의 학교 선택권 확대와 그에 수반되는 신입생 모집 경쟁이다. 이는 가장 흔한 GERM의 특징이다. 거의 모든 교육제도에서 대안적 형태의 학교교육을 도입하며 학부모들에게 자녀의 학교교육에 관한 선택의 범위를 확대했다(OECD, 2013). 칠레가 1980년대에 도입한 바우처(voucher) 제도, 스웨덴이 1990년대에 도입한 자유학교(friskola, free school), 미국이 2000년대에 도입한 차터스쿨(charter school), 그리고 영국이 2010년대에 도입한 고등학교 과정 아카데미(academy school)는 모두 경쟁이 진보의 엔진이라는 믿음을 보여주는 사례들이다. 이와 동시에 사립학교 또는 독립학교(independent school, 영국에서 사립학교를 지칭하는 말―옮긴이)에 재학하는 유복한 가정 출신 학생의 비율도 높아졌다. 가령 호주에서는 초·중등학교 학생들 중 거의 3분의 1이 사립학교에서 공부하고 있다(Jensen, 2013). 국가 표준시험 성적에 따른 학교별 순위표는 학교 간 경쟁을 더욱 강화시켰다. OECD 국가 내 학교장들의 보고를 취합한 OECD 데이터에 따르면, PISA 평가를 받은 학생들 중 4분의 3 이상이 적어도 한 곳 이상의 다른 학교와 신입생 모집 경쟁을 벌이는 학교에 다니고 있다. 마지막으로 학생들, 특히 아시아 여러 국가의 학생들은 일류 고등학교나 대학에 들어가기 위한 극심한 경쟁 탓에 친구들보다 더 나은 성적을 거둬야 한다는 한층 극심한 압박에 시달리고 있다.

　　두 번째로 나타나는 GERM의 양상은 '표준화시험'을 책무성의 주요 수단으로 쓴다는 점이다. 다시 말해, 외부에서 실시하는 표준화시험 점수를 바탕으로 학생들의 성취에 대한 교사와 학교의 책무성을 관리하겠다는 것이다. 학교성적, 특히 학생들의 성취도 측정치를 올리는 것은 학교와 교사에 대한 평가, 감사, 상벌과 직접적으로 연관돼 있다. 성과급제도, 교사휴게실 벽에 붙여 놓은 시험 성적 분석표, 언론지상에 발표되는 학교 서열 등도 주로 외부 표준화시험과 교사평가 데이터를 수집해 가공하는 새로운 책무성 메커니즘의 사례들이다. 미국에서 확산되고 있는 성과기반 급여체계와 표준화시험 결과를 근거로 한 책무성은 뜨거운 논란거리인 두 가지 가정을 바탕으로 한다. 첫째는 교사가 특별 수당을 받기 위해 더 열심히 일할 것이라는 가정이고, 둘째는 학생들의 시험점수가 교사 수업의 질을 판단하는 가장 큰 요인이라는 가정이다. 이런 논리대로라면, 담당 학생들의 시험점수가 뛰어나면 그 교사는 열심히 일하는 사람이고 잘 가르치며 그래서 높은 급여를 받을 만한 교사임에 틀림없다. 일부 국가에서는 바로 이러한 사고방식이 교직의 기반을 좀먹고 있다. 이처럼 표준화된 시험에 대한 과도한 의존이 갖는 문제는 지식을 묻는 시험의 데이터를 바탕으로 학생, 교사, 학교의 책무성을 관리한다는 점 그 자체가 아니라 부적절한 책무성 메커니즘으로 인해 교사들의 업무수행과 학생들의 학습활동이 좋지 않은 영향을 받게 된다는 점이다. 현재도 많은 곳에서 진행되고 있듯이 수준은 떨어지지만 비용은 적게 드는 표준화시험에 근거해 학교 책무성(accountability)을 관리할 경우, 그것은 책임(responsibility)이 빠진 무의미한 이야기밖에 되지 않는다.

　　세 번째로 나타나는 GERM의 양상은 공립학교의 민영화를 교육개혁의 주요 내용으로 삼는다는 점이다(Adamson, Åstrand, & Darling-Hammond, 2016). 교육 탁월성에 대한 요구를 바탕으로 학부모 선택권을 확대하고 교육의 효율성과 생산성을 증진하려는 강한 움직임이 나타나면서 다양한 교육 공급자들이 세계 곳곳에서 공립학교들과 어깨를 나란히 하며 등장하게 되었다. 밀턴 프리드먼(Milton Friedman)의 경제모형에 근거를 둔 이 유명한 변화이론은 학부모에게 학교를 선택할 자유를 주어야 하며, 그리하여 학교가 가정의 다양한 요구에 더 잘 부응할 수 있도록 학교 간의 건전한 경쟁을 촉진해야 한다고 주장한다. 학교 선택권이 발휘되는 전형적인 양상은 사립학교들의 등장이고, 학부모들은 자녀교육을 위해 기꺼이 교육비를 부담한다. 오늘날 공립학교와 대학의 민영화는 그 어느 때보다 빈번하게 진행 중이고, 학비를 기반으로 하되 공적 자금도 투입되는 여러 다양한 사립학교와 대학들이 생기며 교육시장에서의 선택권이 확대되고 있다. 미국의 차터스쿨, 스웨덴의 자유학교, 영국의 고등학교과정 아카데미 스쿨, 네덜란드의 종교학교(confessioneel bijzondere scholen), 그리고 개발도상국가들의 다양한 영리 목적 사립학교는 학부모 선택권을 확대하기 위한 메커니즘의 주요 사례들이다. 사적 기금으로 운영되는 학교교육이라는 이데올로기는 교육이 마치 서비스산업이나 주택시장과 같은 하나의 상품이어야 하며, 학부모들은 자녀를 공립학교에 보내든 사립학교에 보내든 자녀교육에 쓸 수 있게 마련된 공적 기금을 자신에게 맞는 최선의 방식으로 사용할 수 있어야 한다고 주장한다.

GERM은 그밖에도 읽기, 문해, 수학, 과학 같은 기초 지식과 능력에 치중하는 것, 교원노조나 교사협회를 폐지하는 등 교수학습을 탈전문화하는 것, 그리고 교사와 학교를 대신해 기술을 교수학습 매체로 활용하는 것 등으로 표출되기도 한다. 지속 가능한 교육변화를 목표로 하는 교육정책과 교육개혁은 개혁가들이 추구하는 것과 상반되기도 하는 이러한 세계적인 변화의 힘들을 잘 인식하고 이해한 토대 위에 수립되어야 한다.

논설문 쓰기의 중요성

교육대학은 졸업생들이 세상을 변화시킬 수 있도록 준비시키는 것을 교육목표로 삼는다. 그러나 문제는 교육개혁에 관한 지식을 전달하는 기존의 수단들이 너무 느리고 미약해서 큰 영향을 끼치기 어렵다는 점이다. 갓 훈련을 마친 교육자들은 무엇을 해야 하는지에 관해서는 알고 있지만, 어떻게 해야 다른 사람들에게 영향을 발휘할 수 있는지는 알지 못한다.

학계가 아닌 한, 현 교육분야에 관해 효과적인 글을 쓰겠다고 지루하고 힘든 전통적 출판 과정을 거칠 필요는 없다. 대신, 이제는 신문 지면의 논평기사, 블로그, 소셜미디어라는 편리한 수단을 통해 주의지속 시간이 짧아 점점 더 모바일 기기로 정보를 소비하는 독자에 다가갈 수 있게 되었다. 세계적인 교육논쟁에서 목소리를 높이기 위해서는 교육자들이 이러한 새로운 의사소통 방식—일관성 있고 간결하며 무엇보다 독자의 짧아진 주의지속 시간에 꼭 맞는 방식을 받아들일 수 있어야 한다.

대학원에서 학생들을 가르치면서 얻은 경험에 의하면, 대부분의 학생들은 긴 학술논문은 어렵지 않게 쓰지만 교육쟁점에 관해 자신의 의견을 표현하는 짧은 글을 쓰라고 하면 고전을 면치 못한다. 결과적으로 이 장래의 교육자들은 여론과 교육 실제에 훨씬 큰 규모로 영향을 미칠 기회를 놓치고 있는 셈이다.

비공식적 대화나 논쟁을 제외하면, 학계에서는 주관적 견해를 표현할 기회가 주어지지 않았고 이는 학계의 오랜 관행이었다. 우리는 하버드에서 가르친 강좌마다 학생들에게 각자 관심이 있는 교육주제에 관해 자신의 의견을 써오도록 하는 과제를 내주었다. 또 학생들로 하여금 답이 곧바로 나오기보다 불꽃 튀는 격론을 촉발할 수 있는 교육 난제를 찾도록 장려했다. 유일한 과제 요건은 글이 600단어를 넘지 않아야 한다는 것이었다. 학생들이 쓴 논평의 초고를 읽어보면, 학생들이 학업적으로 얼마나 뛰어난지와는 무관하게, 연구논문 인용이나 유행하는 전문용어 사용은 곧잘 하면서도, 자기 자신의 관점을 제시하는 일은 매우 어려워한다는 것을 알 수 있었다.

사실, 논설문이라는 장르 자체가 학생들에게는 낯선 것 같다. 우리는 매우 중요한 두 가지 교훈을 얻었다—그것은 이 책에도 중요한 교훈이다. 첫째, 학생들은 그들이 써야 할 글의 분량 중 절반 이상을 상황 맥락을 제시하거나, 다른 사람의 글을 인용하거나, 광범위한 교육개혁 논쟁을 다루는 데 사용했다. 둘째, 학생들은 '교직을 전문화할 필요가 있다'와 같이 어떤 진단을 제시하는 데 온통 힘을 쏟는 반면, 정작 그 해결책이나 교직을 전문화하기 위해 정확히 어떻게 해야 할지에 관해서는 거의 아무것도 쓰지 못했다.

당혹스러워진 우리는 논평을 쓰는 일이 어째서 학생들에게 그렇게 어려운 일이었는지를 자문하기 시작했다. 어쩌면 그것은 논평 쓰기의 평가기준(rubrics)을 제공하지 않은 우리의 부주의 탓이었을지도 모르고, 그들이 대학원 과정 중 학술연구 트랙(research track)을 밟고 있는지 여부와 무관하게 모든 학생에게 긴 학술논문을 쓰도록 요구해 온 고등교육기관들의 잘못일지도 모른다.

오해하지 마시라. 논문 쓰기는 모든 대학원생이 숙달해야 할 중요한 능력이다. 하지만 학생들이 진지하게 혁신가로서 여론에 영향을 미치고 교육개혁에 힘을 싣고 싶다면, 논설문을 쓰는 능력 또한 연마해야 할 것이다. 의견을 명료하고 효과적으로 표현하는 능력은 비판적으로 생각하고, 말하고, 쓰고, 읽는 능력을 기초로 하며, 대학원생들은 적어도 학위과정을 마칠 때까지는 이러한 능력을 모두 길러야 한다.

대학원생들 대부분은 자신의 목소리에 확신을 갖는 데 누군가의 도움을 필요로 한다. 우리가 한 일이 바로 이것이다. 우리는 무엇이 설득력 있는 논평을 만드는지 이해할 수 있도록 한 시간짜리 워크숍을 진행했다. 오늘날의 많은 독자들은 주의지속 시간이 짧아서 첫 문단이 흥미로워야 나머지 분량까지 읽힐 수 있다는 점을 강조했다.

그 다음에 우리는 논평기사 또는 칼럼을 쓰는 사람으로서 가져야 할 5가지 마음가짐을 제시했다.

- 글쓰기를 시작하기 전에 정말로 말하고자 하는 요점에 대해 숙고하라. 그러면 간결하고도 명료하게 전달할 수 있는 하나의 쟁점이 떠오를 것이다.
- 자신의 목소리와 권위, 경험을 이용하라. 열정적이며 진실해야 하고, 독자가 화제에 관심을 갖도록 해야 한다.
- 전문용어와 일반론을 피하고 다른 관점도 있음을 인정하라.
- 의견을 사실로 뒷받침하라. 그것이 참임을 확신해도 좋은지 점검하라.
- 글에서 어떤 문제를 언급할 경우, 반드시 그 해결책도 제시해야 한다.

하지만 가장 중요한 핵심 원칙은 다음과 같았다. 우리는 학생들이 칼럼을 얼마든지 다시 쓸 수 있도록 했고, 학생들 스스로 추가적인 피드백과 고쳐쓰기가 필요하다고 느끼는 한 계속해서 피드백과 논평을 제공했다. 칼럼쓰기 과제는 대체로 전체 성적의 15-20퍼센트를 차지했다. 기명칼럼이 신문 지면이나 언론사 소셜미디어에 게재된 학생은 자동적으로 A를 받았다.

아마도 학생들에게는 그 무엇보다 유익한 학습경험이었을 것이다. 우리는 학생들에게 기명칼럼을 쓴다는 것은 예외 없이 피드백과 비판적 의견을 받아들이고, 고쳐 쓰고, 다시 수차례 편집하는 과정을 요하는 일이라는 것을 가르치고 싶었다. 혁신가는 그의 수준이나 경험이 어떻든 편집자와 독자 대중의 피드백을 받아들일 수 있어야 하며, 비판적 의견을 감내할 수 있어야 한다.

학생들에게 의견에 기초한 글쓰기를 가르치면서 얻은 두 가지 교훈은 이 책을 읽는 입장에서도 중요한 사안이다. 첫째, 일반 독자를 대상으로 교육문제에 관한 기명칼럼을 쓰는 일은 까다로운 작업이다. 이를 위해서는 전형적인 학술논문 쓰기와는 다른 종류의 마음가짐과 의사소통능력이 요구된다. 둘째, 많은 대학원생이 교육에 대한 자기 나름의 견해를 갖고 있음에도 공개적 논의에서 목소리를 낼 자격이 없다고 생각한다. 이 같은 사고방식은 중앙지 지면이나 유명 블로그에 한 편의 기명칼럼을 게재하는 것만으로도 극적으로 바뀔 수 있다. 마지막으로, 세상에 변화를 일으키겠다는 포부를 지닌 젊은 교육자와 혁신가를 가르치면서 우리가 깨달은 바는, 급변하는 정보 지형 속에서 그들이 자신의 의사소통능력을 새롭게 갱신해 나간다면 좀 더 큰 영향력을 끼칠 수 있을 것이라는 점이었다. 설득력 있는 논설문 쓰는 법을 배우는 것은 좋은 출발점이다.

이 책에 관하여

이어지는 장들은 우리가 여러 나라의 교육개혁 방향에 영향을 미치고 있다고 생각하는 세계 교육변화에 관한 7가지 난제를 기술한다. 2016학년도 하버드 교육대학원 수강생들이 세 사람씩 팀을 꾸려 각 장을 집필했다. 학생들은 사용하는 문체나 핵심 질문의 제시 방식을 자유롭게 선택할 수 있었다. 학생들은 각자 택한 주제와 관련해 포괄적인 문헌고찰을 거치고, 전문가들을 면담했으며, 초고를 두고 다른 학생들과 여러 차례 토의했다. 각 장의 글은 저자들의 의견이라기보다는 학술적 소논문에 가깝다. 마지막 장은 생각할 거리를 제공함으로써 이 책의 궤도를 확장한다. 현 교육제도가 직면하고 있는 새로운 난제들을 탐색하며 그 문제들과 씨름하는 독자들에게 도움이 되기를 바란다.

참고문헌

Adamson, F., Åstrand, B., & Darling-Hammond, L. (Eds.). (2016). Global education reform. *How privatization and public investment influence education outcomes*. New York, NY: Routledge.

Hargreaves, A., Earl, L., Moore, S., & Manning, S. (2001). *Learning to change. Teaching beyond subjects and standards*. San Francisco, CA: Jossey-Bass.

Hargreaves, A., & Shirley, D. (2012). The Global Fourth Way. *The quest for educational excellence*. Thousand Oaks, CA: Corwin.

Jensen, B. (2013). *The myth of markets in school education*. Melbourne, Australia: Grattan Institute.

Mundy, K., Green, A., Lingard, R., & Verger, A. (Eds.). (2016). *The handbook of global policy and policymaking in education*. New York, NY: Wiley-Blackwell.

OECD. (2013). *PISA 2012 results: What makes schools successful? Resources, policies and practices* (Vol. 4). Paris: OECD.

Sahlberg, P. (2015). *Finnish lessons 2.0: What can the world learn from educational change in Finland*. New York, NY: Teachers College Press.

Sahlberg, P. (2016). The Finnish paradox: Equitable public education within a competitive market economy. In F. Adamson, B. Åstrand, & L. Darling-Hammond (Eds.), *Global education reform. How privatization and public investment influence education outcomes* (pp. 130-150). New York, NY: Routledge.

Wagner, T. (2012). *Creating innovators. The making of young people who will change the world*. New York, NY: Scribner's.

제2장

학부모에게 학교 선택권을 주면 모두를 위한 교육을 개선할 수 있는가?

재닌 캠벨, 앨라인 행키, 조너선 세이든

교육에서 선택의 문제만큼 논의와 토론, 연구가 활발히 이루어진 문제는 없다. "학부모에게 학교 선택권을 주면 교육 시스템이 개선되는가?"라는 질문에 맞닥뜨렸을 때 우린 조금 주눅이 들었다. 연구의 출발점을 찾는 일조차 간단치 않은 시련이었다. 외견상 모순된 증거가 산더미같이 많은 데다(어떤 견해가 있으면 그 견해를 뒷받침하는 연구도 반드시 있었다), 우리는 다음과 같은 좀 더 근본적인 질문들에 직면했다. "교육에서 학부모 선택이란 정확하게 무엇을 말하는가?", "교육제도를 개선한다는 것은 무슨 뜻인가?", "학부모는 어떻게 선택을 내리는가?"

그래서 우선 우리는 교육에서 학부모 선택이 갖는 다차원적 속성을 간단하게 살펴보려고 한다. 선택은 크게 두 가지 차원으로 나눌 수 있다. 하나는 사회적 산물이자 개인적 수단을 이용해 내리는 선택인 기본 선택(inherent choice)이고, 다른 하나는 정부가 계획적으로 마련한 선택안을 활용하는 공공정책 선택(public policy choice)이다. 이 둘의 역사적 맥락과 많은 나라들이 공공정책 선택을 확대할 수밖에 없도록 만드는 경제적 이유를 따져보자.

역사적으로 선택 관련 정책들은 학생의 성취결과, 교육적 효율성, 경우에 따라서는 형평성과 학부모 만족도 등에 끼치는 효과를 기준으로 평가되어 왔다. 증거에 따르면, 선택 정책들은 이들 각각의 척도에 영향을 미치기는 하지만, 그렇다고 교육 시스템을 망가뜨리거나 극적으로 개선하는 것도 아니다. 공공정책 선택에 관해서는 광범위한 토론과 연구가 이루어졌음에도, 그 논의 과정에서 개인은 잘 고려되지 않으며 학부모들이 왜 그리고 어떻게 교육적 결단을 하는지에 관해서는 제대로 관심을 기울인 적이 없다. 우리는 정책입안자들이 전통적인 경제이론 외에도 사람들이 어떻게 선택을 내리는지를 깊이 이해하는 것이 매우 중요하다고 생각한다. 따라서 행동경제학, 정체성 경제학, 그리고 정신모형에 관한 이론들을 검토함으로써 선택이라는 것이 개인적 상황의 산물인 동시에 독특한 문화적, 사회경제적, 가족 상황의 산물임을 개념화하고자 한다. 정책입안자들이 왜 그리고 어떻게 학부모들이 선택권을 행사하는지 모를 경우 다양한 사람들의 요구에 제대로 부응할 수 없을 것이다. 학부모와 보호자들이 자녀를 위해 학교를 어떻게 선택하는지, 그러한 결정에 정책이 어떻게 영향을 끼치는지, 그리고 통상적인 교육 선택 논의에서 이런 점들에 대한 고려가 얼마나 소홀한지에 주목하면 정책입안자들은 모든 아이들에게 도움이 되는 방향으로 교육정책을 더욱 공고히 할 수 있을 것이다.

학부모의 교육 선택이란 무엇인가?

만일 지금까지 이루어진 논의의 큰 흐름만을 듣고 학부모 선택에 관한 정보를 얻는다면, 학부모 선택이란 곧 바우처(voucher)와 차터스쿨(charter school)을 말한다고 생각할 수도 있을 것이다. 하지만 학부모의 교육 선택은 훨씬 더 복잡하다. 우선, 기본 선택과 공공정책 선택이라는 두 개의 큰 범주로 나누어 생각해보자.

기본 선택(inherent choice)

기본 선택은 본질적으로 학부모의 자원과 함수 관계에 있다. 학부모들은 충분한 시간과 자금이 주어지면 자녀가 어디에서 어떻게 배울 것인가를 선택할 수 있다. 더 좋은 공립학교가 있는 지역으로 이사할 수도 있고, 아이를 사립학교에 입학시킬 수도 있으며, 직접 시간을 내서 홈스쿨링을 할 수도 있다. 물론 기본 선택은 최근의 현상은 아니며 역사적으로 하나의 특권으로서 존재했다(표 2-1).

〈표 2-1〉 교육에서의 학부모 기본 선택

요소	간단한 정의	사례
이동성	공립학교는 지리적 위치에 따라 질적인 차이가 있기 때문에 학부모는 더 좋은 학교가 있는 학구로 이사할 수 있다.	부모들은 해당 학구의 학교들이 낮은 교육적 성취를 보일 경우 성취도가 높은 학교들이 있는 학구로 이사할 수 있다.
사립학교	학부모는 자녀를 교구학교나 다른 사립학교에 등록시킬 수 있다. 사립학교는 무조건 학생을 받아야 하는 것은 아니며 경쟁 방식을 적용할 수 있다. 일부 학교는 우수한 학생에게 장학금을 지급한다.	미국 최고의 사립학교들은 엄격한 입학 요건을 내세우며, 학비가 매우 비싸다.
홈스쿨링	학부모는 자녀를 집에서 교육시키는 방식을 선택할 수 있다.	외딴 농촌 지역의 학부모나 기존의 선택지에 불만이 많은 부모들은 홈스쿨링 방식을 선택할 수 있다.

공공정책 선택(public policy choice)

공공정책 선택은 정부가 의도적으로 가족의 교육 선택을 확장하려고 한 데서 비롯된 결과다. 이는 거의 3세기나 된 경제이론에 뿌리를 두고 있지만, 비교적 새로운 현상이다.

본래 자본주의 사상의 선조 중 한 사람인 애덤 스미스(Adam Smith)에서 시작된 교육 선택 개념은 18, 19세기의 보편교육 확대와 함께 쟁점으로 부상했다. 스미스는 부모들이 자녀를 위한 학교 선택의 자유를 가져야 한다고 하면서도, 동시에 현명하지 못한 선택은 금지해야 한다고 주장했다. 그에 따르면, 교육은 강제적이어야 하며, 정부는 책임을 지고 모든 학교가 개인과 공공을 동시에 이롭게 하는 교육을 제공해야 한다. 스미스는 자유선택의 옹호자였지만, 완전하게 자유로운 교육 선택제도에서의 형평성에 대해서는 윤리적 의구심을 보였다(Smith, 1776; West, 2005).

공공정책 선택은 대체로 20세기 후반 이전에는 적극적인 실행보다는 철학적 논쟁의 대상으로만 남아 있었다. 하지만 이 무렵에 이르러 학부모의 교육 선택은 밀턴 프리드먼(Milton Friedman)이라는 투사를 만난다.

> 학교교육 재정과 경영 분야에서 정부 역할 확대는 납세자들의 돈을 엄청나게 낭비했을 뿐만 아니라 자발적인 협력이 더 큰 역할을 하도록 내버려두었다면 발전했을 교육제도를 훨씬 열악한 상태로 만들어놓았다(Friedman & Friedman, 1980, p.187).

공공정책 선택을 지지하는 사람들은 단순미가 돋보이는 이론을 제시한다. 학부모 선택 기회를 확대하면 최악의 학교들은 더 좋은 학교들로 대체되는 한편 양질의 학교들이 더 늘어나고 번창함으로써 결국 모든 학생에게 이익이 된다는 것이다. 프리드먼을 필두로 한 경제학자들은 공적으로 공급되는 교육제도는 하나의 독점체로서 작용할 수밖에 없다고 주장한다. 공교육제도는 시장의 압력에 굴하지 않을뿐더러 교육 성과를 높이기 위한 어떤 인센티브도 제공하지 않기 때문이다. 그들에 의하면, 선택은 이 문제에 대한 해결책이다. 학부모 선택에 따라 공적 자금이 집행되면, 학교는 성공한 기업에 보상을 안겨주고 실패한 기업을 퇴출시키는 시장의 힘에 굴복하게 되리라는 것이다. 아울러 기본 선택권을 발휘할 수 없는 가족이 많다는 점에서, 옹호자들은 공공정책 선택으로 모든 가족이 선택권을 얻고 교육제도 개선을 위해 압력을 행사할 수 있게 된다고 본다. 작동하는 방식은 다양하지만, 대부분의 공공정책 선택은 이러한 기본 이론 아래서 작동한다.

공공정책 선택이 뜨거운 쟁점이 되면서 프리드먼의 사상은 1970년대와 80년대에 다시금 주목을 받았다. 미국에서는 그 유명한 「A Nation at Risk(위기에 처한 국가)」 보고서(1983)가 공공정책 선택에 대한 지지세 확대에 불을 붙였다. 공립학교 제도가 실패하고 있으며 근본적인 변화가 필요하다는 주장을 통해서였다. 국제적으로도 유사한 보고서들이 배포되었는데, 1988년에 나온 뉴질랜드의 「Tomorrow's Schools(내일의 학교)」가 그 예이다.

공공정책 선택이 실행될 경우 그것은 어떤 모습일까? ‹표 2-2›에는 교육에서의 학부모 선택을 확대하기 위해 정부가 사용하는 일반적인 방법들이 비교 요약되어 있다.

교육에서의 공공정책 선택을 떠받치고 있는 원리는 신자유주의가 동원하는 다양한 수단들, 이를테면 통제권의 민간 부문 이관, 규제 완화, 분권화, 정부지출 삭감, 질 제고를 위한 메커니즘으로서의 소비자 선택 등과 긴밀하게 결부되어 있다. 이론적으로 공공정책 선택은 모든 학교의 개선을 유도하고 그렇지 못한 학교는 수요 고갈로 인해 문을 닫도록 학교 간 경쟁 시스템에 압력을 가한다. 하지만 지난 수십 년 동안 세계 곳곳의 실행 결과를 보면 교육에서의 공공정책 선택이 늘 질 향상으로 이어지지는 않았다. 공공정책 선택으로 많은 나라가 신자유주의 교육이론이 기대하는 이점을 누리기도 했지만, 예기치 않은 결과에 직면하기도 했다. 만일 전통적인 경제이론이 교육에서의 학부모 선택에 따른 모든 결과를 설명하지 못한다면 이를 설명할 수 있는 다른 이론들을 생각해 볼 수도 있을 것이다.

〈표 2-2〉 교육에서의 공공정책 선택

정책/전략	간단한 정의	미국 사례	국제 사례
마그넷스쿨	특정 교과를 중심으로 하여 경쟁 입학 방식을 취하는 공립학교	댈러스 독립학구의 '과학 및 공학 학교'는 지원자들에게 표준화된 입학시험을 치르도록 한다.	칠레에도 Liceos de Excelencia(공립 우수 고등학교)라는 유사한 프로그램이 있는데, 공적 영역 안에서 학업 우수성을 추구하는 학교이다.
차터스쿨	학부모가 선택할 수 있는, 공적 자금으로 운영되는 (영리 또는 비영리) 학교. 협약(charters)의 내용은 공립학교에 비해 훨씬 자율적이어서 통상적인 규제들을 따를 필요가 없다. 대신 협약내용에 따른 책무성을 지닌다.	KIPP Academy는 공립학교의 성취 수준이 낮은 도심 지역에서 운영되는 대형 차터스쿨 체인이다.	스웨덴에서 자치단체에 속하지 않은 독립학교들은 공립학교와 동일한 수준의 학생당 지원금을 받는다. 영리목적 운영이 가능하지만 추가 교육비를 받을 수는 없다. 이러한 구조는 1990년대부터 지속되었고 지금은 약 25%의 학생들이 재학하고 있다(Åstrand, 2016).
바우처 제도	자녀를 공립학교에 등록시키지 않는 가족들에게 정부가 자금을 준다. 이 돈은 오직 인가된 교육기관에서 교육받는 비용으로만 지출할 수 있다. 이 바우처로 사립학교 비용 전체를 충당할 수도 있고 그렇지 않을 수도 있다.	미국은 13개 주에서 몇 가지 형태의 공적 기금에 의한 학교 바우처를 학생들에게 제공한다. 예: 밀워키 학부모 선택 프로그램(1990), 오하이오 교육선택 장학 프로그램(2005), 인디애나 선택 장학 프로그램(2011) (NCSL, 2016).	칠레는 1981년 이후 사립학교를 선택하는 학생들에게 학비를 바우처로 지급한다. 이 학교들은 역사적으로 규제 대상이면서도 영리추구와 학생 선발, 추가 교육비 징수 등이 허용되어 왔다. 2015년에 제정된 법은 보조금을 받는 학교들에 대해서는 이런 조치들을 제한하고 있다. 최근 통계에 따르면 칠레 학생의 54%가 바우처 프로그램에 의해 지원되는 사립학교에 다니고 있다(Chumacero et al., 2011).

자유 입학	학부모는 거주 지역에 상관없이 어떤 공립학교에도 자녀를 보낼 수 있다.	아동낙오방지법(NCLB) 제1조에 따라 낮은 성취를 보이는 공립학교 학생의 부모는 학구 내에서 양호한 성취를 보이는 학교로 전학시킬 권리를 지닌다.	1990년대에 뉴질랜드는 지방분권화와 함께 학구제한을 풀어 학부모들이 다른 지역에 자녀를 보낼 수 있게 허용하였다. 2000년대에 들어 이 제도는 다소 변경되었는데, 학교는 학구 안에서만 학생을 받을 수 있게 하고 자리가 남아 있을 경우 다른 지역 학부모가 지원할 수 있도록 하고 있다(Morphis, 2009).

합리적 행위자 이론을 넘어: 선택에 대한 탐구

경제학자들은 지난 50년 동안 교육 선택에 관한 논의를 이끌어왔다. 그들의 이론을 노골적으로 거부하는 것은 아니지만, 그들은 답을 찾지 못한 몇 가지 핵심 질문을 우리에게 남겨놓았다. 이러한 질문들을 충분히 검토하지 않는다면 공공정책 선택의 바탕을 이루고 있는 기본 가정들을 제대로 파악할 수 없을 것이라고 생각된다.

1. 교육 선택이 충분히 보장된 세계에서 학부모는 어떻게 선택하는가?
2. 모든 학부모는 똑같은 방식으로 의사결정을 하는가?

3. 문화나 집단, 계층에 따라 결정 방식은 얼마나, 그리고 왜 다른가?

이것을 염두에 두고 우리는 결론적인 질문에 이르렀다. 즉, "기존의 신자유주의 이론은 선택의 문제에 어떻게 접근하는가, 그리고 그러한 접근은 인간 행위의 다양성과 얼마나 잘 부합하는가?"라는 질문이었다. 하지만, 우리는 이 질문들에 대한 답을 제시하기보다 경제학과 심리학, 사회학을 융합하여 교육에서의 학부모 선택에 관한 논의를 확장할 수 있기를 바란다.

19세기 후반 철학자 존 스튜어트 밀(John Stuart Mill)은 1776년에 애덤 스미스가 제시한 '자신의 경제적인 이득을 위해 행동하는 사람, 즉 경제적 인간 또는 호모 에코노미쿠스(homo economicus)'라는 개념을 대중화시켰다. 밀의 이론에서 인간은 돈을 추구하고 합리적으로 선택지를 숙고하는 존재로 상정된다(Mill, 1836). 19세기 내내 경제학자들은 이 가정을 기반으로 한 모델을 구축했고, 결국 '합리적 행위자 이론(rational actor theory)'이 탄생하게 되었는데, 이에 따르면 인간은 어떤 결정을 할 때 정보를 주의 깊게 평가하고 미래에 발생할 비용과 이익을 계산하는 존재로 가정된다.

행동경제학과 후에 등장한 정체성 경제학은 둘 다 전통적인 경제학과 합리적 행위자 이론을 확장하고 또 이에 도전하기 위한 것이었다. 행동경제학은 종래의 객관적 합리성 가설을 탈피하고 개인의 선택을 결정짓는 복잡한 심리적, 인지적, 정서적 과정을 고려하여, 사람들이 무언가를 선호하고 가치를 지각하게 만드는 요인들이 무엇인지를 탐색하는 데 주력한다(Kahneman &. Tversky, 1979; Simon, 1955). 정체성 경제학 역시 이 프레임워크를 기반으로 정체성 개념과 문화적 규범이 함께 어떤 방식으로 개인의 의사결정에 영향을 끼치는가를 관찰한다(Akerlof & Kranton, 2011).

노벨상을 수상한 경제학자 더글러스 노스(Douglass North)는 정신모형(mental model) 프레임워크를 통해 선택경제학을 더 확장시켰다(Denzau & North, 1994; North, 1992). 그는 정신모형을 "행위자들이 환경을 이해하고 직면한 문제를 해결하기 위해 이용하는 기존의 정신적 구성물(constructs)"로 정의한다(North, 1990, p.20). 세상과 세상이 돌아가는 방식에 관한 개인과 공동의 인식은 가치, 태도, 신념의 복합체를 이루어 공통된 삶의 경험과 세대 간 문화 전달에 영향을 미친다.

이 복잡한 선택이론들은 교육에서의 학부모 선택에 관한 논쟁에서는 늘 밖에 있었다. 하지만 집단들이 선택 정책에 서로 다른 방식으로 대응하고, 때로는 그 방식이 비합리적으로 보이더라도, 우리는 이 이론들을 통해 통찰을 얻고 집단이 기회를 어떻게 생각하고 어떻게 접근하는지 더 잘 이해할 수 있다. 공공정책 선택이 실행될 때 예기치 않은 결과가 일어나는 이유도 이해할 수 있다. 이 이론들은 대다수 공공정책 선택의 동력이지만 분명한 정책 방향을 제시하지 않는 합리적 행위자 이론과 같은 개념적 단순미는 없다. 하지만 복잡한 의사결정이론을 무시하는 공공정책 선택은 잘 되어도 비효율적일 게 뻔하고 경우에 따라서는 기존의 불평등을 악화시키거나 예기치 않은 결과를 가져올 것이다.

세계무대에서의 학부모 선택

우리는 교육에서 학부모 선택이 갖는 함의에 관해 최적의 논의를 하기 위해 기본 선택과 공공정책 선택의 스펙트럼 상에 자리한 국가들을 조사해보기로 했다(표 2-3). 칠레와 스웨덴은 모두 민간 부문에 공적 자금을 사용하는 등 프리드먼의 생각을 수용해 공공정책 선택을 확대했다. 뉴질랜드는 공공 부문 안에서 선택을 확대하는 실험을 했다가 나중에 그 개혁의 폭을 다시 축소하기도 했다. 인도와 핀란드는 두 가지 차원에서 극명하게 대비된다. 인도에서는 고소득층과 저소득층 부모들이 모두 기본 선택을 적극적으로 이용하고, 국가 전체적으로는 민간 부문에서 대대적인 공공정책 선택의 확대가 이루어지고 있다. 핀란드에서는 공교육 제도 안에 선택 제도가 있음에도 학부모들이 실제로 선택권을 행사하는 경우가 드물다.

이하에서 우리는 각 나라별로 공공정책 선택의 목표와 메커니즘을 서술하는 것으로 시작해 현재 상황을 간단하게 개괄하고, 이어 전통적인 경제이론에서 기대했던 성과와 이들 이론이 예측 혹은 설명하지 못했던 기대 밖의 결과를 함께 서술한다. 만약 정책 개발 과정에서 행동경제학이나 정체성 경제학 또는 정신모형 같은 대안적인 선택 이론을 고려했더라면 이 예기치 못한 결과를 피하거나 줄일 수 있었을지 각자 생각해보기 바란다.

<표 2-3> 기존 선택과 공공정책 선택의 스펙트럼

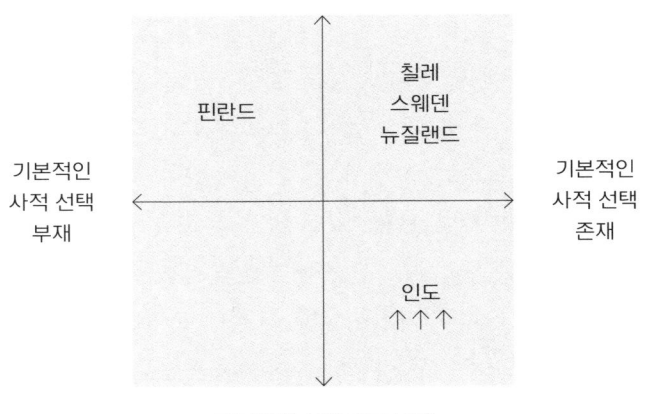

칠레:
현재 인구 1,760만 명, 학령아동 390만 명, 공립학교 재학생 37%

정책 목표와 메커니즘

칠레에서는 19세기부터 사립학교가 공립학교와 공존했던 터라 학부모의 교육 선택 역사가 길다(Ley 349: Liberated de Enseñanza, 1878). 급진적인 학교 선택은 1981년에 바우처가 도입되면서 실시되었는데, 그 결과 여러 수준에서 민영화가 이루어졌다. 칠레의 학부모들은 복잡하고 탈규제화된 시장제도라는 표현이 딱 맞을 상황에서 이 바우처를 활용해 공립과 사립학교 중에서 선택할 수 있다(Chumacero et al., 2011; Kosunen & Carrasco, 2014, p.4). 이러한 정책하에서 칠레는 다양한 학교들을 공급함으로써 거의 빈틈없는 학교 선택지를 제공하고 있다(Chumacero et al., 2011).

현재 상황

칠레 학생들의 약 54퍼센트는 바우처 지원이 되는 사립학교에, 그리고 8퍼센트는 정부 지원을 받지 않는 완전한 의미의 사립학교에 다니고 있으며 단지 37퍼센트만이 공립학교에 다닌다(Ministerio de Educatión, 2016). 학부모들은 사적인 기본 선택권을 행사해 주거지를 옮기거나 정부지원을 받지 않는 사립학교를 선택할 수 있다. 또한 정부가 지원하는 광범위한 학교들을 대상으로 공공정책 선택권을 행사할 수도 있다. 역사적으로 사립학교들에 대한 규제는 있었으나 이윤 추구와 학생 선발, 추가적인 학비 징수 등은 허용돼왔다. 하지만 제도적 차원의 불평등을 줄이고 정부 지원 사립학교에 신규 규제를 가하고자 최근 새로운 법(Ley de Inclusion, 2015)이 제정되었다.

기대한 결과

칠레의 정책은 일련의 복잡한 결과들을 가져왔다. 일반적으로 학교의 보급을 늘리고, PISA 점수에서 보듯이 학업성과의 느리지만 눈에 띄는 향상을 가져왔으며, 대학 진학률을 증가시킨 것으로 평가된다.

예기치 않은 결과

개혁에 의해 불공평과 불공정이 심화되었고, 학부모들은 학교 선택 과정에서 사회적 신호나 편의성, 입소문 등의 매우 다양한 요인들을 고려하는 반면 시험 결과와 같은 요인은 간헐적으로만 사용한다는 증거들이 제시됐다(Chumacero et al., 2011, Thieme & Treviño, 2011). 불공평의 확대에 대한 칠레 학생들의 저항운동에서 보듯이, 교육의 질적 향상이 예상보다 미흡하고 사회경제적 계층화 현상이 심해지자 시민사회의 불안이 높아졌다.

스웨덴:
현재 인구 980만 명, 학령아동 150만 명, 공립학교 재학생 75%

정책 목표와 메커니즘

스웨덴은 1990년대에 자유학교(friskola) 모델을 도입함으로써 학교 선택 정책을 일찍이 그리고 급진적으로 채택한 나라이다. 이들 독립학교는 공립학교와 같은 수준의 학생당 지원금을 받는다는 점에서 기본적으로 차터스쿨과 동일하다. 본래 대안적이거나 특화된 교육 프로그램을 제공하기 위해 설립되었지만 시간이 지나면서 그런 특성은 점차 약화되었다. 이 학교들은 예컨대 상장기업, 종교단체, 협동조합과 같은 다양한 법적·행정적 실체에 의해 설립될 수 있지만, 영리 목적으로 설립되는 학교들의 경우에는 추가비용을 부과할 수 없도록 하였다(Åstrand, 2016).

현재 상황

스웨덴에서는 기본 선택과 공공정책 선택이 모두 가능하다. 학부모들은 자녀를 위해 주거지를 선택할 수도 있고 공립과 사립학교 중에서 어느 하나를 선택할 수도 있다. 최근 통계에 따르면, 최대 25퍼센트의 학교들이 차터스쿨이며 50퍼센트 정도의 고교 수준 학교들이 사립으로 운영되고 있다(Swedish Institute, 2015). 지방분권화와 민영화에 따라 엄격한 규제가 약화되면서 사립학교들은 잘 훈련된 교사 수를 줄이고 학급 규모를 늘리는 경향을 보이기도 한다(Åstrand, 2016). 스웨덴에서 2016년에 소집된 한 교육위원회에서는 학교 선택 정책을 비판하고 교육 시스템 내 교사 부족이라는 급박한 문제를 지적하는 교육정책들이 논의되기도 했다.

기대한 결과

초기의 평가로 보면 자유학교 모델의 성공이 신자유주의 이론과 보조를 같이함을 알 수 있다. 즉, 지방분권화, 민영화, 경쟁, 선택 등이 시스템 전반의 효율성을 높이고 교육이 개선되고 있다는 느낌을 만들어내는 듯했다. 오늘날 비판적인 재평가 속에서도 공공정책 선택은 전반적으로 긍정적인 평가를 받고 있다. 많은 학부모들이 자유학교 모델이 제공하는 사립학교 선택지를 활용하고 있다.

예기치 않은 결과

국제 교육평가에서 보이는 스웨덴의 꾸준한 하락세는 전통적인 경제 이론으로는 잘 설명되지 않는다. 더구나 초기에 성공적이었던 몇몇 영리 목적 차터스쿨의 파산은 성적 하락 현상과 함께 개혁의 효과에 대한 확신을 무너뜨리고 있다(Åstrand, 2016). 교사의 자질이나 학생 대 교사 비율처럼 학교의 질과 관련된 지표들이 학부모의 교육적 판단에 딱히 영향을 끼치지 못하면서, 과연 선택의 힘으로 교육의 질을 개선할 수 있는가에 관한 우려가 높아지고 있다(Åstrand, 2016). 교육 노동의 측면에서 보면, 시스템 내에 만연한 교사 불만족이 우려하던 교사 부족 사태로 이어졌다.

뉴질랜드:
현재 인구 450만 명, 학령아동 80만 명,
공립학교 재학생 96%

정책 목표와 메커니즘

뉴질랜드는 1991년에 본래 학부모들이 지역 내 학교에 자녀를 보낼 수 있는 권리를 보호하기 위해 설정했던 학구 제도를 폐지하고 전국 어디에 있는 학교든지 선택할 수 있게 했다(Morphis, 2009). 정부는 공립학교에 대한 학부모 선택권을 확대하고 학교 운영의 분권화를 추진하면서 성취도가 낮은 학교의 개선을 위한 재정적 유인책을 실시하였다. 1995년에는 추가적인 재정 지원이 필요한 학교를 파악하기 위해 사회경제적 수준에 따라 학교를 10단계의 계층으로 분류하는 시스템을 도입했다. 그러나 의도와 달리 학부모들은 이 10단계 시스템을 교육의 질을 나타내는 신호로 받아들였고, 자녀를 낮은 단계의 학교에서 높은 단계의 학교로 전학시키는 사태가 빚어졌다(Morphis, 2009). 그 결과 상위 단계의 학교들은 해당 지역 거주 학생들이 입학할 수 없을 정도로 많은 학생들이 몰리게 되었다. 이에 정부는 연달아 신속히 새로운 법을 제정해 대응함으로써 학생들이 다시 주거지와 가까운 학교에 다닐 수 있게 하였으며 타 지역 학생들은 후순위로만 지원할 수 있게 했다(Pearce & Gordon, 2005). 그러나 이러한 보완책에도 불구하고 이 정책은 학교 간 사회경제적 분리 현상을 가속화시키는 결과를 가져왔다(Heyneman, 2008).

현재 상황

학구 내 학생들을 우선 받고 학교에 자리가 남아 있을 경우에만 타 지역 학부모들의 선택을 허용한 2000년의 입법 이후, 학교 선택 정책은 큰 변화 없이 유지되어 왔다. 따라서 오늘날 뉴질랜드의 교육은 공공정책 선택과 기본 선택의 혼합체제로 운영되고 있다. 학부모들은 거주 지역의 학교를 택할 수도 있고(기본 선택), 제한적이나마 여석이 있는 거주 지역 밖의 학교에 지원할 수도 있다(공공정책 선택).

기대한 결과

다소 부정적인 결과가 있음에도 불구하고 공공정책 선택은 학부모와 정치가들 사이에서 폭넓은 지지를 받고 있다. 교육의 질을 향상시켰다는 증거는 별로 없지만, 많은 학부모들은 제한된 형태로나마 주어진 공공정책 선택의 기회를 기꺼이 누리고 있다.

예기치 않은 결과

뉴질랜드의 개혁은 본래 우수한 학교의 확장을 장려하고 뒤처진 학교를 개선 또는 폐쇄할 목적으로 계획되었다. 하지만 실제 개혁에서 이러한 약속은 잘 실현되지 않았다. 이뿐 아니라 10단계 계층 체제에 대한 학부모들의 민감한 반응과 거주지별 분리 현상의 심화라는 의도치 않은 결과를 초래했다.

인도:
현재 인구 13억 명, 학령아동 3억 6천만 명, 비취학 아동 약 1,770만 명

정책 목표와 메커니즘

앞의 세 나라에 비해 인도의 공공정책 선택 관련 실험은 비교적 최근에 이루어졌다. 하지만 인도는 선택에 대한 접근성이 가장 광범위한 특징을 갖는데 이는 인도의 고유한 맥락에 기인한다. 교육권리보장법(Right to Education Act, REA)이 계획대로 실행될 경우 인도는 세계에서 공공정책 선택의 폭이 가장 큰 나라가 될 것이다. 부유한 학부모들은 오래전부터 자녀를 위해 대개 대도시 안에 있는 일류학교를 고르는 특권을 행사해왔다. 저렴한 학비로도 갈 수 있는 사립학교들이 증가하면서 이전에는 그럴 수 없었던 집단들도 더 큰 기본 선택권을 발휘할 수 있게 되었다. 이런 현상이 확대됨에 따라 교육권리보장법(REA)은 사립학교들이 정원의 25퍼센트를 공적 바우처로 입학하는 저소득층 학생들을 위해 남겨놓도록 규정하고 있다(Muralidharan & Sundararaman, 2015). 하지만 사립학교 교육의 질이 낮아질 것을 우려하는 학부모들은 이런 정책에 대해서 강한 거부감을 가지고 있다.

현재 상황

현재 인도의 사립학교에 다니고 있는 학생의 비율은 25퍼센트에서 50퍼센트인 것으로 추정된다(Joshua, 2014). 이를테면 값비싼 엘리트 사립학교, 정부 지원 없이 저렴한 학비로 운영되는 학교, 새로이 등장한 바우처 학교 등이다.

기대한 결과

여러 가지 실험 결과들은 인도가 현재 실시하고 있는 공공정책 선택을 지지하는 방향으로 나타나고 있다. 무랄리드하란과 순다라라만(Muralidharan & Sundararaman, 2015)은 바우처 지원을 받는 사립학교들의 시험 성적이 해당 지역의 공립학교에 비해 다소 향상되었고, 공립학교에 남아 있는 학생들에 대한 부정적인 파급효과로 이어지지도 않았음을 보여주었다. 다른 많은 연구들 역시 인도의 사립학교 제도가 비용 대비 효율적임을 보여주는 믿을 만한 결과들을 제시하고 있다.

예기치 않은 결과

지역 수준의 실험들은 공공정책 선택이 유용하며 전통적인 경제이론이 믿을 만하다는 점을 보여주었다. 하지만 그것을 더 넓은 지역에서 실행하면 어떨지는 확신하기 어렵다. 많은 사람들은 선택 확대가 분리 현상을 증대시킬까 봐 계속 우려한다. 또 다른 사람들은 공공정책 선택의 확대가 교육 개선으로 이어질 것이라는 확신을 갖지 못한다. 예를 들어 스리바스타바(Srivastava, 2008)는 많은 학부모들이 학급 규모가 크다는 점을 학교의 질을 나타내는 지표로 생각하고 있다는 사실을 발견했다. 그것이 실제로는 우수한 교육의 지표와 무관하다는 점에서, 선택 확대가 교육의 질 개선으로 이어지지 않을 가능성도 있다.

핀란드:
현재 인구 550만 명, 학령아동 90만 명, 공립학교 재학생 97%

정책 목표와 메커니즘

통념과 달리 핀란드 교육제도에도 공공정책 선택이 존재한다. 전체 학교 중에서 정부 지원을 받는 사립학교가 단지 3퍼센트임에도 불구하고 1998년의 교육법은 교육은 반드시 무료로 제공되어야 한다는 점을 분명히 하는 한편 공교육 제도 안에서 학교 선택을 다양화했다(Kosunen & Caarrasco, 2014; Seppänen et al., 2015). 이러한 공공정책 선택은 경쟁을 촉진해 학교 개선을 장려하기 위함이 아니라, 특성화된 교육 기회를 늘리기 위한 노력이라고 할 수 있다. 불공평한 선발을 방지하기 위하여 특성화 학교들은 일반적인 시험 점수로 학생을 뽑을 수 없고 단지 음악이나 과학, 공학 등의 특정 전공 분야에 대한 적성만을 평가할 수 있다. 핀란드에서 선택이란 거주지역 내 학교 대신 특성화 학교에 자녀의 입학을 신청할 권리가 부모에게 있음을 의미하며, 모든 자치단체는 법적으로 모든 아이에게 집에서 멀지 않고 안전하게 다닐 수 있는 학교에 다닐 수 있는 기회를 제공해야 한다(Seppänen et al., 2015).

현재 상황

핀란드에서는 교육 선택의 기회가 있음에도 불구하고 대부분의 학부모가 그 권한을 사용하지 않는다. 학부모 교육 선택은 주로 도시 지역에서만 이루어지고 있다(Kosunen & Carrasco, 2014). 연구 결과에 의하면, "학부모의 대부분은 핀란드 교육제도에 대하여 긍정적인 이미지를 가지고 있으며 전국 대부분의 학교가 '충분히 양호하다'고 생각하고 있다"(van Zanten in Seppänen et al., 2015, p.5).

기대한 결과

어떤 선택을 하더라도 충분히 양질의 교육이 보장되는 나라에서는 시장의 힘으로 교육성과를 개선할 수 있는 여지가 크지 않다. 낮은 비용으로 학교를 옮길 수 있기 때문이다.

예기치 않은 결과

핀란드의 학부모들은 활용할 수 있는 모든 교육 선택을 가치 있게 생각하며, 평등에 대해 확고한 견해를 갖고 있는 반면, "시장 지향의 학교교육 신조와 경쟁 및 영재 이데올로기"를 거부한다(Kauka et al., in Seppänen et al., 2015, p.43). 이것은 전통적인 경제이론이 인간행동을 설명하지 못하는 가장 명백한 사례일 것이다.

질문은 올바른가?
혜택은 받아야 할 사람들에게 돌아가는가?

국제적인 맥락에서 볼 수 있는 바와 같이, 공공정책 선택은 교육 시스템에 영향을 미친다. 전통적인 경제학과 합리적 행위자 이론은 공공정책 선택의 많은 성과를 설명하고 그것을 설계하는 데 영향력을 행사해 왔다. 하지만 이러한 정책이 가져온 다른 결과들은 동일한 이론으로 잘 설명되지 않는다. 따라서 다시금 다음과 같은 질문을 제기해 볼 수 있다. 인간행동을 총체적으로 고려하는 최신 경제이론을 활용했더라면 이러한 예기치 않은 결과를 피하거나 적어도 누그러뜨릴 수 있었을까?

다양한 형태의 공공정책 선택은 교육의 구원자도 파괴자도 아니다. 우리는 정책입안자들이 전통적인 경제적 지식을 넘어서서, 선택에 관한 좀 더 미묘하고 복합적인 관점을 받아들여야 한다고 생각한다. 학교 선택의 미래는 의심할 바 없이 절충의 형태를 띨 것이다(Heyneman, 2008). 자바(Jabbar, 2011)가 서술했듯이, 행동경제학을 고려하여 수립된 정책들은 "보통 소비자 선택과 시장의 양상을 있는 그대로 받아들인다. 그런 정책들은 초당적 지지를 얻는 경향이 있고, 인간행동에 관한 현실주의적 가정에서 출발하기 때문에 의도된 행동 반응을 이끌어내게 될 가능성이 높다."

전통적인 경제이론과 선택에 관한 합리적 행위자 모형으로 모든 학교 선택 결과들을 설명할 수는 없다. 그것은 현실에서 인간의 복잡다단한 행동 방식을 설명할 의도로 만들어지지도 않았다. 하지만 경제학은 개인과 전체 사회의 수준에서 관찰된 인간행동의 분석 결과들을 통합시키며 진화해 왔다. 정책도 마찬가지여야 한다. 정책입안자들이 개개인의 다양한 행동이 가질 수 있는 의미를 고려하고 또 다양한 집단에게 공평하고도 성공적으로 보탬이 될 정책을 설계하는 것은 반드시 필요한 일이다. 정책입안자들이 선택에 관한 좀 더 미묘하고 복합적인 관점을 받아들인다면 교육 시스템이 더 개선될 수 있지 않을까?

참고문헌

Akerlof, G., & Kranton, R. (2011). *Identity economics: How our identities shape our work, wages and well-being*. Princeton, NJ: Princeton University Press.

Åstrand, B. (2016). From citizens to consumers: The transformation of democratic ideals into school markets in Sweden. In F. Adamson, B. Åstrand, & L. Darling-Hammond (Eds.), *Global education reform: How privatization and public investment influence education outcomes* (pp. 73-109). New York, NY: Taylor & Francis.

Chumacero, R., Gomez, D., & Paredes, R. (2011). I would walk 500 miles (if it paid): Vouchers and school choice in Chile. *Economics of Education Review, 30*(5), 1103.1114. doi:10.1016/j.econedurev.2011.05.015

Denzau, A., & North, D. (1994). Shared mental models: Ideologies and institutions. *Kyklos, 47*, 3-31.

Friedman, M., & Friedman, R. (1980). *Free to choose: A personal statement*. New York, NY: Harcourt Brace Jovanovich.

Heyneman, S. (2008). International perspectives on school choice. In M. Berends, M. Springer, D. Ballou, & H. Walberg (Eds.), *Handbook of research on school choice* (pp. 79-96). Mahwah, NJ: Lawrence Erlbaum Publishers.

Jabbar, H. (2011). The behavioral economics of education. *Educational Researcher, 40*(9), 446.453.

Joshua, A. (2014, January 16). Over a quarter of enrollments in rural India are in private schools. *The Hindu*. Retrieved from http://www.thehindu.com/

Kahneman, D., & Tversky, A. (1979). Prospect theory: An analysis of decision under risk. *Econometrica, 47*(2), 263-292.

Kosunen, S., & Carrasco, A. (2014). Parental preferences in school choice: Comparing reputational hierarchies of schools in Chile and Finland. *Compare: A Journal of Comparative and International Education*, 1-22. doi:10.1080/03057925.2013.861700

Mill, J. (1836). On the definition of political economy, and on the method of investigation proper to it. In *Essays on Some Unsettled Questions of Political Economy*, 2nd ed. London, UK: Longmans, Green, Reader, & Dyer, 1874.

Ministerio de Educacion. (2016). *Centro de estudios*. Retrieved from http://centroestudios.mineduc.cl/index.php?t=96

Morphis, E. (2009). *New Zealand school reform*. Washington, DC.

Retrieved from http://www.ncspe.org

Muralidharan, K., & Sundararaman, V. (2015). The aggregate effect of school choice: evidence from a two-stage experiment in India. *NBER Working Paper Series, Sep 2013*, 19441.

National Conference of State Legislatures. (2016). *School voucher laws: State-by-state comparison*. Retrieved from http://www.ncsl.org/research/education/voucher-law-comparison.aspx

North, D. (1990). *Institutions, institutional change and economic performance*. Cambridge, UK: Cambridge University Press.

North, D. (1992). Institutions and economic theory. *American Economist (Spring 1992)*, 3-6.

Pearce, D., & Gordon, L. (2005). In the zone: New Zealand's legislation for a system of school choice and its effects. *London Review of Education, 3*(2), 145-157. doi:10.1080/14748460500163955

Seppänen, P., Carrasco, A., Kalalahti, M., Rinne, R., & Simola, H. (Eds.). *Contrasting dynamics in education politics of extremes: School choice in Chile and Finland* (pp. 3-28). Rotterdam, The Netherlands: Sense Publishers.

Simon, H. (1955). A behavioral model of rational choice. *Quarterly Journal of Economics, 69*(1), 99.118.

Smith, A. (1776). *The wealth of nations, books I-III*. New York, NY: Penguin Classics, 1986.

Srivastava, P. (2008). School choice in India: disadvantaged groups and low-fee private schools. In M. Forsey, S. Davies, & G. Walford (Eds.), *The globalisation of school choice* (pp. 185-208). Oxford, UK: Symposium Books.

The Swedish Institute. (2015). *Education in Sweden*. Retrieved April 4, 2016, from https://sweden.se/society/education-in-sweden/

Thieme, C., & Trevino, E. (2011). School choice and market imperfections: Evidence from Chile. *Education and Urban Society, 45*(6), 635-657. doi:10.1177/0013124511413387

West, E. (2005). Adam Smith's proposal on public education. *Economic Affairs*, (March).

제3장

표준화시험의 문제점에 대한 올바른 답은 무엇인가?

모마르 디엥, 일레인 코, 로런 마스턴

전 미국교육학회(AERA) 회장 W. 제임스 포펌(W. James Popham)에 따르면 표준화시험이란 "사전에 정해 놓은 표준화된 방식에 따라 시행되고 점수 매겨지며 해석되는 모든 종류의 시험"이다(Popham, 2005). 미국에서 표준화시험은 19세기 중엽부터 시행돼왔지만, 2002년 아동낙오방지법(No Child Left Behind Act, NCLB) 제정 후 그 활용이 급증했다. 이 법은 50개 주 전 지역에서 공립학교 3학년부터 8학년 학생들을 대상으로 매년 읽기와 수학 시험을 치르도록 의무화했다. 하지만 이 법 시행 뒤에 수학과 과학, 읽기 관련 국제비교평가에서 미국 학생들의 성적은 다른 선진국들에 비해 곤두박질쳤다("Standardized Tests", 2016). 이러한 사실은 표준화시험이 여러 아동낙오방지법 지지자들의 기대만큼 미국 학생들의 성취도를 향상시키지 못했음을 보여준다. 실제로 국립연구위원회(National Research Council)는 2011년 5월 26일, 시험 기반 보상 프로그램이 제대로 작동한다는 증거가 없으며, "지난 수십 년간 그 방식을 적용해 왔음에도, 정책입안자와 교육자들은 아직 시험 기반 보상 프로그램을 활용해 학생 성취도를 꾸준히 향상시키고 교육을 개선할 수 있는 방법을 모른다."고 보고했다(Hout & Elliott, 2011).

2002년에 도입된 표준화시험의 1차 목적이 학생 성취도 향상이었음에도 그것이 제대로 이루어지지 않았다는 사실은, 표준화시험을 통해 실제로 얻을 수 있는 이점이 무엇인지 따져 볼 필요가 있음을 시사한다. 특히 다음과 같이 질문해 볼 수 있다. 표준화시험에서 기대하는 이점이 부정적인 영향을 능가하는가? 이 문제에 대한 답을 생각해 보기에 앞서 다음 질문에 답해 보기 바란다.

다음 중 표준화시험에 관한 설명으로 옳은 것은?

1) 수업시간이 획일적인 시험 준비에 할애된다.
2) 교사의 승진과 급여는 학생의 표준화시험 성적에 따라 처리·책정되어야 한다.
3) 교사는 학생의 성적 향상을 위해 시험 대비 중심으로 가르쳐야 한다.
4) 표준화시험은 학생들에게 극심한 스트레스를 유발한다.

당신의 답은 무엇이었는가?
수고 많았지만 아쉽게도 당신은 첫 번째 시험을 통과하지 못했다!

표준화시험에 관한 앞의 질문에는 사실 옳은 답이 없고, 따라서 당신이 첫 번째 시험에서 낙제한 것은 놀랄 일이 아니다. 위에 제시된 선택지들은 표준화시험이 미국에서 오용되어온 방식 중 몇 가지에 불과하다. 우리는 표준화시험이 제대로, 즉 스마트(SMART)하게 활용될 경우 진단 및 향상을 위한 도구로서 교육 시스템에 엄청난 혜택을 가져다줄 수 있다고 믿는다. 하지만 제대로 활용되지 않는다면 표준화시험은 학생과 교사, 학교, 학구에 부정적인 영향을 끼칠 수 있다.

표준화시험을 활용하는 스마트(SMART)한 방법

표준화시험은 전 세계 여러 교육체제에서 다양한 방식으로 설계돼 실행되고 있다. 아래의 절에서 우리는 싱가포르와 핀란드의 사례를 통해 교수학습을 강화하고 학생들의 전반적인 수행 능력을 향상하는 데에 표준화시험이 어떻게 활용될 수 있는지를 자세히 살펴볼 것이다. 우리가 이 사례들을 분석할 렌즈로 사용한 SMART 평가 틀은 생산적인 표준화시험 전략의 특징들을 확인할 수 있는 유용한 프로토콜이자 점검표이다.

SMART 평가 틀은 목표 설정과 그 목표의 달성 계획을 세우는 과정을 체계화하는 방법의 하나로 1980년대 초 재계에 처음 등장했다(Doran, 1981). 이후 기업경영과 조직관리의 사실상 모든 영역에서 활용되기 시작했고, 다양하게 변형된 형태로 공공정책의 설계와 평가에도 사용되어왔다. SMART 평가 틀은 교육 평가의 효과적인 활용에 도움이 된다고 여겨지는 원칙들을 간명하게 표현할 수 있는 방법이다. 이를 활용하는 것은, 평가에 관한 열띤 논쟁에서 '평가는 품질보증을 위해 중요하다'는 한 가지 사실에 모두가 동의하는 한 전혀 설득력 없는 일은 아니다. 그런 의미에서, 품질보증은 합의 도출이 가능한 좀 더 포괄적인 관심사라고 할 수 있다. 미국품질협회(American Society for Quality)에 따르면 품질보증은 어떤 제품이나 서비스 혹은 활동에 대한 요건과 목표를 충족시키기 위해 하나의 품질 시스템 안에서 수행되는 관리 및 절차적 활동들로 구성된다. SMART 평가 틀은 프로세스와 정책들이 따라야 할 5가지 원칙으로 이루어져 있다(표 3-1 참조).

Specific(구체성)	개선하고자 하는 특정 영역을 겨냥한다. 특정 목적 달성에 기여한다.
Measurable(측정 가능성)	진전/성장을 보여주는 계량지표를 제시한다.
Attainable(도달 가능성)	기존에 주어진 자원을 바탕으로 결과의 현실적인 성취가 가능하다.
Relevant(연관성)	교육과정 목표 및 더 광범위한 교육 목표들과 잘 연계되어 있다.
Timely(시의성)	시험이 아동의 학습 여정 중 시의적절하게 실시된다. 시험 결과 역시 시의적절하게 활용 가능하다.

〈표 3-1〉 SMART 평가 틀의 구조

Doran(1981)의 SMART 평가 틀을 재구성

구체성(Specific)

SMART 시험의 첫 번째 원칙은 구체성(specific)이다. 이것은 시험을 치르기 전에 향상이 필요한 특정 영역을 과녁으로 삼아 목표를 구체적으로 정의하는 일을 의미한다. 핀란드는 이 절제된 시험의 원칙을 아주 엄격하게 따르고 있다. 핀란드 학생들은 중학교와 고등학교 졸업 때 각각 한 번씩 단 두 번의 종합적인 표준화시험을 치른다(Hendrickson, 2012). 살베리(Sahlberg, 2015)는 PISA와 같은 국제평가에서 핀란드가 일관되게 수위(首位)를 유지하는 비결은 임의의 책무성 부여를 위해서가 아니라 특정한 학업 목적이 있을 때만 시험을 치르는 방식 덕분이라고 본다. 이것을 빈번하게 실시되는 고부담 시험(high-stakes testing)과 비교해 보라. 고부담 시험은 이미 세계 교육의 트렌드가 되어버렸지만 학생들의 실력을 유의미하게 향상시키는 것으로 입증되지도 못했고 형식적 엄격성 이외에 어떤 특정한 목표도 없다. 이에 반해 핀란드는 학생을 독려하고 지지하는 방식의 평가 전략을 선호한다(Finnish National Board of Education, 2010).

고부담 시험의 빈도에 관한 한 핀란드와 사뭇 다르지만 학생들이 높은 성취도를 보이는 또 하나의 교육체제는 바로 싱가포르다. 싱가포르에서는 특정 연령대에 속한 모든 학생이 표준화시험을 치른다. 이 시험은 K-12(유치원에서 고등학교까지) 교육 기간 안에 세 차례 치러진다. 싱가포르는 목적에 따라 다양한 평가도구를 적용하는데, 고부담 시험은 특히 학생 선발용으로 활용된다. 이 시험의 결과에 따라 학생들은 각기 다른 계열과 학교에서 차별화된 교육을 받게 되며, 정책결정자들은 학생들의 수행 수준에 관한 서술적 정보를 제공받는다(Heng, 2014). 사전이든 사후든 교사들이 교수 방식을 조정하는 데 반영할 진단 정보를 제공한다는 다른 목적은 학기 중에 실시하는 형성평가, 학기말과 학년말에 실시하는 총괄평가, 그리고 수행평가 형태의 종합평가로 충족된다(Ng, 2015). 이러한 시험들도 부정적인 측면이 없지 않다. 우선, 아주 적은 수의 표준화시험에 큰 이해관계가 걸린 탓에 이들 시험은 학생, 학부모, 교사들에게 심한 스트레스와 불안의 원인이 된다(Heng, 2013; Ng, 2015). 게다가 고부담 시험임에도 필답고사 형태라는 시험 특성상 어쩔 수 없이 측정 영역이 매우 협소하다(Ong, 2016). 이러한 도구들은 단지 학업 성취에만 초점을 맞추면서 지나치게 협소한 잣대로 학생의 장점을 측정한다(Tan, 2016). 이 때문에 싱가포르는 이러한 평가들을 통해 얻는 성적 정보 외에 학생의 능력과 진척에 관한 좀 더 포괄적인 그림을 제공해줄 다른 방식의 평가를 모색 중이다. 종래의 평가는 전인적 아동을 기르고자 전체 교육과정에 학문적 교육과정과 비학문적 교육과정을 통합시킨 싱가포르 교육체제의 총체적 성격에도 부합하지 않는다.

측정 가능성(Measurable)

SMART 시험의 두 번째 원칙은 시험의 효과가 측정 가능해야 한다는 것이다. 이는 곧 시험이 학생의 실력 향상을 계량지표로 제공할 수 있어야 한다는 뜻이다. 핀란드에서는 정책적으로 행정가와 교사들이 시험 준비에 전념하는 대신 교육과정 내용과 학습에 도움이 되는 행동에 초점을 맞추도록 유도하며, 학생이 시험을 치를 때는 측정 가능한 변화에 주목한다. 이것은 크게 세 가지 방식으로 이루어진다. 첫째, 핀란드 학생들은 탁월한 공부 방법을 개발할 수 있도록 가르침과 도움을 받는다. 둘째, 교사는 학생에게 수시로 피드백을 줌으로써 어느 지점에서 어떻게 개선해야 할지 알려준다. 학생은 또한 자신의 수행 결과를 분석하는 법을 배우고, 덧붙여 학부모는 자녀의 학업 성취 및 향상이 필요한 부분을 훤히 파악할 수 있도록 꾸준히 정보를 제공받는다. 셋째, 교육과정 내용에 대한 학생들의 이해 정도를 수시로 점검하며, 이를 바탕으로 수업 중 체계적인 피드백이 이루어진다. 이처럼 학생들에게 탄탄한 공부습관을 심어주고, 교사들이 학생과 학부모 양쪽에 수시로 피드백을 제공하도록 지침을 제시하며, 지속적으로 학습의 향상도를 측정한다는 강력한 삼위일체의 원칙은 표준화시험에서는 물론 핵심 교과에서도 높은 성적을 거두는 결과로 이어진다.

싱가포르의 경우에는 이러한 고부담 시험이 명확한 기준을 설정해주고, 학교를 선택하거나 성적과 향상도를 객관적으로 점검하고 추적할 수 있는 정보의 원천이 되며, 집단 간의 결과를 서로 비교할 수 있게 해준다. 이들 시험은 향상과 성취에 대한 표준화된 척도를 제공하며, 엄격한 기준을 유지함으로써 교육체제 전반의 책무성을 보증한다. 사실 이 점은 싱가포르에서 고시 제도가 시작된 이유 중 하나이다. 그것은 또 상급학교 진학자를 결정하는 객관적인 방법이기도 하다. 어떤 평가든지 그처럼 중대한 이해관계가 걸린 경우 부모나 대중에게 공정하고 투명하다고 인정받을 수 있어야 한다. 하지만 측정 가능한 모든 것이 다 중요한 것은 아니며, 중요하다고 해서 모든 게 측정 가능하지도 않다(Koretz, 2008; Ng, 2015). 후자의 예로는 일생에 걸친 배움에 대한 열의, 리더십 역량, 팀 안에서 협력해 일하는 능력, 불확실한 상황을 견디는 능력 등을 들 수 있다. 고부담 표준화시험을 시행함에 있어 제도적으로 염두에 두어야 할 것은 그러한 시험으로 측정할 수 없는 것이 있으며 다른 평가 양식을 통한 보완이 필요하다는 점이다(Koretz, 2008). 싱가포르 교육부가 2009년 이후 모든 초등학교를 대상으로 종합평가를 꾸준히 도입해 온 것은 이런 이유 때문이다.

학년말에 한 차례 실시되는 필답고사 형태의 총괄평가에 과도한 비중을 두는 대신, 다양한 평가 방법과 소규모의 형성평가를 이용한 종합평가(holistic assessment)로 학습에 대해 보다 풍부한 피드백을 제공할 수 있다. 평가의 범위와 빈도는 학생들의 나이와 관리의 용이성, 그리고 교육과정과 평가, 교수법 간의 밀접한 연계성을 고려하여 설계된다. 종합평가는 학생들이 자신의 학습에 대해 확신을 갖도록 도와주며, 교사들에게는 더 효과적인 학습을 위해 교수 방법을 맞춤화하고 개인화하는 데에 필요한 진단 정보를 제공한다(Fu, 2010).

이러한 종합적인 피드백은 정기적으로 학생과 학부모에게 제공되며, 이를 통해 학부모들은 자녀가 교과 학습이나 사회 심리적 측면 또는 가치관과 인격 측면에서 전체적으로 얼마나 성장하고 있는지, 그리고 모든 면에서 얼마나 더 발전할 수 있는지 알게 된다. 따라서 학부모는 교사 및 학교의 동반자로서 자녀의 종합적인 발달을 지원하는 것이 더 용이해진다(Heng, 2013). 그러므로 종합평가는 고부담 표준화시험과 다양한 형태의 총괄평가가 지닌 한계를 넘어 교수학습 증진을 위한 평가의 잠재력을 최대로 활용하려는 싱가포르식 접근법이라고 할 수 있다.

도달 가능성(Attainable)

SMART 시험의 세 번째 원칙은 주어진 가용 자원을 바탕으로 할 때 어떤 결과를 현실적으로 달성할 수 있는지 제시해야 한다는 점이다. 이를 위해서는 형성평가의 틀 안에서 접근이 필요한데, 여기서 말하는 형성평가란 "교사 및 학생이 참여하여 교수학습 활동의 개선을 위한 피드백 자료로 활용될 수 있는 정보를 제공하는 모든 활동"으로 정의할 수 있다(Black & William, 1998; Hendrickson, 2012). 핀란드에서는 평가의 목적을 학습과 자기평가 능력을 지도하고 격려하는 데 두고 있다. 평가를 통해서 학습 발달, 직무 능력, 행동 발달을 복합적으로 측정한다(Finnish National Board of Education, 2010). 핀란드 교사들에게는 학급 평가를 통해 자기가 맡은 학생들의 필요를 바탕으로 교수 방법을 가늠하고 변경하는 것이 허용되는데, 그 이유는 교사들이 교수학습을 개선하고, 학생들의 향상 정도를 파악하며, 학생들이 자기 생각을 이해하도록 피드백을 제공하는 데 초점을 두기 때문이다(Hendrickson, 2012).

싱가포르에서는 성취 가능성을 확보하기 위하여 모든 표준화시험을 국가교육과정과 긴밀하게 연계시킨다. 교사들은 교수학습 자료와 전문성 개발 자료를 쉽게 구할 수 있으며, 교수법과 교육과정, 국가교육과정에 따른 평가를 심화할 수 있도록 마련된 다양한 기회도 쉽게 얻을 수 있다. 모든 국민은 초등학교 졸업 이전에 표준화시험을 치러야 하는데, 이것은 학교의 학생 선발이 용이하도록 성취기준과 성적의 비교가 가능한 의무 시험이다. 그런데 안타깝게도 개인에게는 너무 부담

스러운 시험이다 보니 시험 준비 과정에서 여러 가지 문제점이 나타나고 있다(Koretz, 2008). 자녀에게 더 많은 혜택과 자원을 제공할 수 있는 싱가포르의 부유층 학부모는 사교육 확대 경쟁을 통해 기회와 성취의 격차를 벌리고 있다(Davie, 2015; Tan, 2016). 이처럼 불평등한 교육 현실이 심화되면 학생들이 이용할 수 있는 자원도 사회경제적 지위에 따라 달라지기 때문에, 유복한 학생들과 그렇지 못한 학생들이 도달할 수 있는 성취도 역시 다를 수밖에 없다(Teng, 2015). 아이들에게 양질의 평가와 학습을 제공하기 위해서는 교사의 역할이 중요하다. 싱가포르 교육부는 전국적인 종합평가 시행을 지원하기 위해 다양한 자료와 평가 모형, 평가 기준표는 물론, 학교가 모범 사례를 실천하고 공유할 수 있도록 돕기 위한 전문성 개발 자료를 만들어 보급했다. 아울러 교사들이 자신의 능력을 갈고닦을 수 있도록 특정 분야에 초점을 맞춘 전문성 개발 플랫폼도 제공한다(Fu, 2010).

연관성(Relevant)

SMART 시험의 네 번째 원칙은 시험의 연관성, 즉 교육과정 목표 또는 더 포괄적인 교육 목표들과 잘 연계되어 있는가 하는 점이다. 카사넨, 라티, 스넬만(Kasanen, Raty & Snellman, 2003)의 설명에 따르면 핀란드의 초등학교 교사들은 시험이나 유사 시험 상황을 자주 활용하되 이것이 시험으로 비추어지지 않도록 주의를 기울인다고 한다. 이런 상황에서 교사들은 수치로 점수를 매기지는 않지만, '아주 좋음'에서 '노력 요함'의 척도로 채점 또는 평가를 하기도 한다. 대개 그 결과는 학생이나 부모들에게 제공되지 않고 교사들의 계획 수립에 참고자료로 활용된다. 유일한 진짜 시험 상황은 2학기에 펼쳐지는데, 학생들이 배운 것을 전체적으로 살펴보기 위한 총괄평가 형태로 진행된다. 결과적으로 핀란드 학생들은 시험을 평가라기보다는 학습경험의 하나로 간주한다(Hendrickson, 2012).

싱가포르에서 표준화시험은 문해력과 수리력에서 높은 기준과 엄격함을 유지하는 용도로 활용되어 왔다. 하지만 오늘날 점점 더 중요시되는 여러 종류의 능력이나 역량들은 쉽게 측정되지 않는다. 이는 곧 평가의 현실성과 연관성을 유지하려면 평가 방식을 다양화해 학생들의 성장, 장점, 성취도의 다른 영역들을 점검하고 측정할 필요가 있음을 의미한다(Ng, 2015). 종합평가는 그중 한 가지 방법이다. 무엇보다 학생들이 현실적으로 미래를 준비할 수 있도록 연관성 있으면서도 질 높은 교육을 제공하기 위해 싱가포르는 다양한 교육 목표를 충족하기 위한 우선순위 설정과 합리화라는 더 큰 문제에 관심을 기울일 필요가 있다.

시의성(Timely)

SMART 시험의 마지막 원칙은 시의성이다. 이것은 단지 학생들의 학습 여정 중 적절한 시기에 시험을 치르는 것만이 아니라 시의적절하게 결과를 제공하여 활용할 수 있도록 해야 함을 의미한다. 시의성은 평가의 중요한 요소로서, 성적이 단지 점수에 대한 정보만 전달하는 게 아니라 "그 점수가 무엇을 의미하며 그들의 학습 과정을 어떻게 개선할 수 있을지 학생들과 소통하는 것"을 포함한다(Kulm, 1994). 핀란드 국가교육위원회(Finnish National Board of Education, 2004)는 학생들이 교육과정 이수를 통해 자신이 얼마나 향상되었는지만이 아니라 자신의 생각을 인지할 수 있도록 도와주는 평가를 장려한다. 학생의 자기평가는 핀란드 학생들이 발전시켜야 할 핵심적인 능력이기도 하며(Hendrickson, 2012), 이것은 평가가 학습의 흐름과 긴밀하게 이어져서 실시될 때에만 비로소 길러질 수 있다. 싱가포르에서는 표준화시험을 실시하는 횟수가 적고 또 신중하게 이루어진다. 학습 여정의 각 주요 단계를 졸업하기 전에 한 차례씩, 즉 초등학교(6학년), 중등학교(10학년), 주니어 칼리지(12학년) 생활이 끝나는 시기에 치러진다.

   표준화시험 결과는 학생들의 성적을 고지하는 데 활용할 수 있도록 3개월 이내의 적절한 시점에 발표된다. 싱가포르에서 고부담의 표준화시험 결과가 겨냥하는 목표가 따로 있기 때문에, 교수 방법 조정을 위한 피드백 고리에 투입되지는 않는다. 그런 목적을 위해서는 다른 형태의 지속적인 평가(학습을 위한 평가)가 활용된다. 도리어 다양한 계열과 학교로 갈 학생들을 분류함으로써 다음 단계의 학습 여정에서 만나게 될 교육 내용에 맞춤화되고 차별화된 수업을 할 수 있다. 종합평가의 경우에는 교사들이 학생 발전의 다양한 측면들에 대하여 학부모들과 주기적으로 양적·질적 피드백을 공유한다(Heng, 2013; Fu, 2010).

표준화시험이라는 문제에 대한 한 가지 정답은 없다

표준화시험은 제대로, 즉 스마트(SMART)하게 실시되기만 한다면 진단이나 개선을 위한 도구로서 교육 시스템에 큰 도움이 될 수 있다. 그러나 그 반대도 가능하다. 부적절하게 시행될 경우 학생의 성적에 거의 혹은 전혀 영향을 끼칠 수 없고, 학생이나 교사, 학교, 지역사회, 그리고 전반적인 성취에 글자 그대로든 비유적으로든 큰 피해를 줄 수 있다.

   똑같이 SMART라는 평가 틀로 포장된 시험원리를 바탕으로 했더라도 핀란드와 싱가포르의 표준화시험 제도가 얼마나 크게 다른지 지금까지 확인한 바와 같이, 표준화시험의 문제점을 해결하는 데 한 가지 정답은 없다. 따라서 만병통치식 모델을 찾거나 설계하려고 시도하기보다 각각의 국가와 시스템들이 표준화시험을 잘 운영하는 사례에서 교훈을 얻되 각자의 맥락 안에서 고유의 측면과 필요를 고려해야 할 것이다. 그렇게 되면 우리는 새롭게 찾아낸 맥락에 SMART 평가 틀을 적용함으로써 관련 비용을 절감하면서도 표준화시험이 제공하는 혜택을 거둘 수 있을 것이다. 국제 비교연구에서 이것은 종종 공식이나 템플릿에 얽매이지 말고 각자 고유의 맥락에서 내면화하거나 적용할 수 있는 원리를 찾는 일로 일컬어진다. 비유적으로 말하자면, 똑같은 노래를 부르지는 않지만 동일한 박자에 맞추어 춤을 추는 것이라고 할 수 있다. 이 비유를 확장하면, 여기서 제안하는 SMART 평가 틀은 박자 혹은 리듬이라고 할 수 있다. 우리의 독특한 맥락에서 이 박자를 어떻게 연주해야 가장 듣기 좋을지 알아내면 우리만의 음악이 만들어지게 된다.

    싱가포르와 핀란드가 서로 다른 맥락에서 각자의 교육 시스템을 강화하기 위하여 성공적으로 시험을 시행해온 방식은 미국의 모델 및 이를 둘러싼 논쟁과 대조를 이룬다.

미국의 현대적인 표준화시험 역사

1989년, 미국의 조지 H.W. 부시 대통령은 20세기 말까지 세계 최고 수준의 수학과 과학 시험 점수 도달을 목표로 하는 아메리카 2000(America

2000) 계획을 제안했다("Standardized Tests," 2016). 1994년에 클린턴 대통령은 '목표 2000(Goals 2000)'을 제시해 세계적인 수준의 학업 성취기준을 규정하고 이를 기준으로 학생들의 향상 정도를 측정하는 틀을 확립하겠다고 예고했다. 2002년 1월 8일, 초당파적인 지지를 바탕으로 아동낙오방지법(NCLB)이 통과되었고, 조지 W. 부시 대통령의 서명으로 입법화되었다. 이 법에 따라 3학년에서 8학년을 대상으로 읽기와 수학, 나중에는 과학까지 추가한 시험이 매년 실시되었으며, 10학년에 대한 평가도 의무화되었다(Hout & Elliott, 2011). 모든 학교는 더 높은 수준, 더 구체적으로 말하자면 연간 적정 향상도(adequate yearly progress, AYP)를 보여주어야 했다. 만족할 만한 진전이 이루어지지 않을 경우, 해당 학교는 제재를 받아 주 정부로 인계되거나 폐교될 수도 있었다("Standardized Tests," 2016).

후에 버락 오바마 대통령은 2009년 미국 경제회복 재투자법(American Recovery and Reinvestment Act, ARRA)에 서명했는데, 이것은 경제 활성화와 일자리 창출 지원, 그리고 교육을 포함한 주요 부문에 대한 투자 계획을 법으로 규정한 역사적 입법이었다(U.S. Department of Education, 2009). 이 재투자법(ARRA)은 '정상을 향한 경주(Race to the Top, RTTT)' 프로그램 기금으로 43억 5,000만 달러를 지원하고, 각 주가 학생의 시험 성적 향상 정도에 따라 경쟁적으로 추가 기금을 확보할 수 있도록 했다("Standardized Tests," 2016). 2010년 3월 13일, 오바마 대통령은 아동낙오방지법(NCLB)의 개정을 제안했다. 개정안의 주요 내용은 주가 설정한 기준에 더욱 밀접하게 연계되도록 평가 방법을 개선할 경우 추가 장려금을 약속하고, 시험 성적 외에 학생들의 출석률과 졸업률, 학습 분위기와 같은 여타 지표에 중점을 두겠다는 것이었다("Standardized Tests," 2016). 하지만 실질적인 개정은 이루어지지 않다가 2015년 12월에야 모든 학생 성공법(Every Student Succeeds Act, ESSA)이 발효되었다.

오늘날 미국의 표준화시험

아동낙오방지법(NCLB)은 학교와 교사, 궁극적으로는 학생의 성취도를 높이기 위해 교육자들을 자극하고 장려하는 수단으로서 고부담 시험을 이용하도록 조장했다(Morin, 2016). 이 법은 시험 점수에 보상과 처벌을 연결시켰다(Morin, 2016). 학구와 행정가들이 담당 학생들에 대한 교육적 성과를 높이기 위해 과감한 선택을 내리고 필요한 노력을 쏟을 것이라는 논리가 배경이었다. 이처럼 고부담의 성취기준 표준화시험은 학생과 교사, 학교에 엄청난 영향을 끼치게 된다(Morin, 2016). 이로 인한 영향으로는 학생과 교사에 대한 과도한 압박, 학생 유급, 학교 폐쇄, 학생 성적에 따른 교사의 등급화 등을 꼽을 수 있으나 이에 한정되지 않는다(Kolodner, 2011). 이뿐 아니라 고부담 표준화시험을 장려한 결과 미국 교육 시스템에 다른 여러 가지 부정적인 영향이 초래되었는데, 대표적으로 시험 위주 수업, 수업시간의 감소, 지나치게 잦은 시험 등을 들 수 있다.

시험 위주 수업

일반적으로 시험 위주 수업이란 좋은 수업 실천을 기계적 반복 학습으로 대체하는 것을 말한다("Standardized Tests," 2016). 학생들은 암기에 몰두하도록 강요받고, 창의성과 비판적인 사고 능력의 활용은 제한

된다. 그러한 수업은 학습에 대한 학생의 즐거움을 빼앗고 수업에 대한 교사의 열정을 저해한다. 실제로 "2007년도에 완료된 메릴랜드대학교의 5개년 연구에 따르면, 아동낙오방지법(NCLB) 이후 '시험 위주 수업'에 대한 교사의 압박감이 커졌으며, 이에 따라 수업에서 고차원적 사고를 가르치는 일, 복잡한 과제에 쏟는 시간의 양, 교육과정에 포함된 높은 수준의 인지적 내용이 줄어드는 결과를 초래했다("Standardized Tests," 2016)."

수업시간의 감소

표준화시험에 대한 또 다른 반론은 시험 준비에 너무 많은 시간을 쏟는다는 것이다. 단순히 시험 준비에 많은 시간과 기간이 소요된다는 수준을 넘어서서 교사와 학생들이 방학 중에도 학교에 나오거나 집에서도 시험 준비에 매진해야 한다는 등의 문제가 있다(Kolondner, 2011).

지나치게 잦은 시험

대도시학교연합(Council of the Great City Schools)의 새로운 연구에 따르면, "미국에서 일반적으로 학생들은 어린이집(pre-K)부터 12학년까지 112회의 의무적인 표준화시험을 치르게 된다(Layton, 2015)." 이 보고서에 따르면 8학년 학생들은 가장 무거운 시험 부담을 지고 있는데, 이들은 일 년 동안 평균 25.3시간을 표준화시험을 치는 데 소비한다. 또한 시험은 제일 어린 학생들에게도 영향을 끼쳐 평균적으로 어린이집 학급은 4.1회의 표준화시험을 치른다(Layton, 2015).

미국의 표준화시험 반대 운동—변화 가능성은?

미국의 새로운 표준화시험 정책은 미국 역사상 고부담 시험에 대한 가장 큰 반발을 불러일으켰다(Hagopian, 2015). 학생들은 포틀랜드, 시카고, 콜로라도, 뉴멕시코 등의 주와 시에서 시험을 거부하고 거리로 나왔으며, 시애틀과 뉴욕시 등의 교사들은 시험 시행을 거부했다(Hagopian, 2015). 이밖에도 자녀들의 시험 거부를 지지하는 학부모 운동이 대중적인 사회운동으로 폭발해, 워싱턴주에서는 6만 가정, 뉴욕주에서는 20만 가정이 참여했다(Hagopian, 2015).

외견상으로 이러한 반발은 오바마 대통령의 심경 변화를 촉발시킨 것으로 보인다. 사태가 급격히 반전되면서 오바마 대통령은 불필요한 시험 때문에 너무 많은 수업시간이 낭비되고 있으며 교사와 학생이 부적절한 스트레스를 받고 있다고 선언하기에 이르렀다(Hagopian, 2015). 표준화시험에 반대하는 학생, 교사, 학부모 등은 마침내 오바마 대통령으로부터 교수학습의 지적·정서적 과정을 오로지 성적 하나로 환원시키려 한 점과 학교 문을 닫고 교사들을 해고하며 학생의 승급이나 졸업을 거부하는 데에 그 성적이 이용된 점에 대한 유감 표명을 들을 수 있었다(Hagopian, 2015). 오바마 대통령이 미국의 표준화시험을 개선하겠다는 결심을 보이기는 했지만, 실질적인 변화는 아직 나타나지 않고 있다.

미국에서 표준화시험의 진화 과정을 생각해보면, 그 수가 점점 더 늘어나다가 심지어 시험을 의무화하고 시험 결과에 따라 고부담 의사결정을 내려야 하는 지경에 이르게 되었음을 알 수 있다. 이러한 역사와 그로 인한 결과들, 그리고 다시금 시험을 축소하겠다는 결정 등을 고려하면서, 우리는 독자들이 미국에서, 혹은 자신의 학교나 학구, 주에서 표준화시험을 위한 SMART 평가 틀이 어떤 모습이면 좋을지 상상해 보기를 바란다. 만약 스마트(SMART)하게 실시된다면 미국에서 표준화시험의 미래는 어떤 모습이어야 하는가? 그 문제에 대한 정답은 하나로 정해져 있지 않다는 점을 기억하라.

참고문헌

Black, P., & Wiliam, D. (1998). Assessment and classroom learning. *Assessment in Education, 5*(1), 7-74.

Davie, S. (2015). *Tuition has become an educational arms race*. Retrieved from http://www.straitstimes.com/opinion/tuition-has-become-an-educational-arms-race

Doran, G. T. (1981). There's a S.M.A.R.T. way to write management's goals and objectives. *Management Review, 22*(11), 35.36.

Finnish National Board of Education. (2004). *National core curriculum for basic education 2004*. Retrieved from http://www.oph.fi/english/publications/2009/national_core_curricula_for_basic_education

Finnish National Board of Education. (2010). *Education*. Retrieved from http://www.oph.fi/english/education

Fu, G. (2010). *Speech by Ms. Grace Fu, Senior Minister of State, Ministry of National Development and Ministry of Education, at the PERI Holistic Assessment Seminar 2010 on Tuesday 13 July 2010*. Retrieved from https://www.moe.gov.sg/news/speeches/speech-by-ms-grace-fu--senior-minister-of-state--ministry-of-national-development-and-ministry-of-education--at-the-peri-holistic-assessment-seminar-2010-on-tuesday--13-july-2010-at-900-am-at-agora-hall--republic-polytechnic

Hagopian, J. (2015). *Obama regrets "taking the joy out of teaching and learning" with too much testing*. Retrieved from http://www.commondreams.org/views/2015/10/30/obama-regrets-taking-joy-out-teaching-and-learning-too-much-testing

Hendrickson, K. A. (2012). Assessment in Finland: A scholarly reflection on one country's use of formative, summative, and evaluative practices. *Mid-Western Educational Researcher, 25*, 33-43.

Heng, S. K. (2013). *Keynote address by the minister for education at the Ministry of Education Work Plan Seminar 2013*. Retrieved from https://www.moe.gov.sg/news/speeches/keynote-address-by-mr-heng-swee-keat--minister-for-education--at-the-ministry-of-education-work-plan-seminar-2013--on-wednesday--25-september-2013-at-915am-at-ngee-ann-polytechnic-convention-centre

Heng, S. K. (2014). *FY 2014 Committee of Supply Debate: First reply by Mr. Heng Swee Keat, minister for education: Bringing out the best in every child*. Retrieved from https://www.moe.gov.sg/news/speeches/fy-2014-committee-of-supply-debate--1st-reply-by-mr-heng-swee-keat--minister-for-education--bringing-out-the-best-in-every-child

Hout, M., & Elliott, S. (2011). *Incentives and test-based accountability in education*. http://doi.org/10.1080/0969594X.2013.877873

Kasanen, K., Raty, H., & Snellman, L. (2003). Learning the class test. *European Journal of Psychology of Education, 17*(1), 43-58.

Kolodner, M. (2011). *Students, teachers sweating tests*. Retrieved from http://www.nydailynews.com/new-york/education/students-teachers-sweating-high-stakes-tests-parents-rebel-constant-prep-article-1.140304

Koretz, D. (2008). What test scores tell us about American kids. In D. Koretz, *Measuring up: What educational testing really tells us* (pp. 77, 81-83). Cambridge, MA: Harvard University Press.

Kulm, G. (1994). *Mathematics assessment: What works in the classroom*. San Francisco, CA: Jossey-Bass.

Layton, L. (2015). *Study says standardized testing is overwhelming nation's public schools*. Retrieved from https://www.washingtonpost.com/local/education/study-says-standardized-testing-is-overwhelming-nations-public-schools/2015/10/24/8a22092c-79ae-11e5-a958-d889faf561dc_story.html

Morin, A. (2016). *What is high-stakes testing?* Retrieved from http://childparenting.about.com/od/schoollearning/a/high-stakes-tests-definition.htm

Ng, J. Y. (2015). *School content being cut to focus on critical learning*. Retrieved from http://www.todayonline.com/singapore/greater-emphasis-knowledge-application-coming-years-heng?singlepage=true

Ong, Y. K. (2016). *Speech by Mr. Ong Ye Kung, acting minister for education (higher education and skills), at debate of president's address, 25 Jan 2016, Parliament*. Retrieved from https://www.moe.gov.sg/news/speeches/speech-by-mr-ong-ye-kung--acting-minister-for-education-higher-education-and-skills--at-debate-of-presidents-address--25-jan-2016--parliament

Popham, W. J. (2005). *Standardized testing fails the exam*. Retrieved from http://www.edutopia.org/standardized-testing-evaluation-reform

Sahlberg, P. (2015). *Finnish lessons 2.0: What can the world learn from educational change in Finland*. New York, NY: Teachers College Press.

Standardized tests--ProCon.org. (2016). Retrieved from http://standardizedtests.procon.org/view.resource.php?resourceID=006521

Tan, K. B. E. (2016). *Going beyond exams in educating a nation*. Retrieved from http://m.todayonline.com/daily-focus/education/going-beyond-exams-educating-nation

Teng, A. (2015). *Starting from pre-school, parents sending kids for classes in race to keep up with peers*. Retrieved from http://www.straitstimes.com/singapore/education/starting-from-pre-school-parents-sending-kids-for-classes-in-race-to-keep-up

U.S. Department of Education. (2009). *Race to the top program: Executive summary*. Washington, DC: Author.

제4장 교사의 자격은 무엇이어야 하는가?

파이루즈 알리아 자말루딘, 로런 오언, 엘리스 포슬웨이트

> 교직생활의 두 번째 해가 막 시작될 무렵, 나는 교직원 회의를 앞두고 도서관에 띄엄띄엄 앉은 사람들의 얼굴을 둘러보았다. 새로운 교사가 문을 열고 들어올 때마다 노스캐롤라이나의 훅 하는 열기가 함께 끼치며 찜통 같은 8월의 바깥 날씨를 상기시켰다. 안에서는 낡아빠진 에어컨이 열기와 첫 만남의 어색함을 함께 날려버리려는 듯 소음을 내고 있었다.
>
> 지난봄부터 새 학년도가 시작되기까지 관리직 두 사람을 비롯해 과목별로 한 명꼴의 교사들까지, 교직원의 약 4분의 1이 학교를 떠났다. 일부 빈자리는 미처 채우지 못해, 이번 학년도는 장기 임시교사 체제로 시작될 예정이다.
>
> ─로런 오언

이 학구가 교사를 찾아 동분서주하는 모습은 세계 여러 곳의 학교들이 처한 상황과 다르지 않다. 유엔이 2000년에 채택한 '새천년개발목표(Millennium Development Goals)'는 보편적 초등교육과 HIV/AIDS 같은 전 지구적 차원의 문제 해결을 꾀하며, 성과 목표 중 하나로 2015년까지 보편교육을 실현한다는 계획을 담고 있었다. 그 결과, 개발도상국의 초등교육 취학률은 83퍼센트에서 91퍼센트로 증가했다(United Nations, 2015).

취학률 상승은 교사 수요의 증가로 이어졌다. 정부와 민간기업들은 교사를 모집해 교육시키고 교실현장에 투입 가능한 능력을 갖추도록 하기 위한 새로운 기법을 도입하는 데 서슴지 않고 뛰어들었다. 정부가 승인한 대체 자격 프로그램부터 '티치 포 올(Teach for All)' 같은 교원양성 프로그램, '브릿지국제아카데미(Bridge International Academies)'의 표준화된 수업까지 그 수단은 다양했다.

교사가 되는 방식이 이처럼 다양하다는 점은 공식적인 교육기관에서 가르치는 것이 어떤 의미인지 의문을 불러일으키며, 이에 교육개혁가들은 "교사의 자격은 무엇이어야 하는가?"라는 질문에 답해야만 하는 상황이다. 학생들 앞에 서 있을 신체 건강한 사람이면 교사로서 충분한가? 그렇지 않다면, 교사가 제대로 가르칠 수 있기 위해서 사전에 배워야 하는 것은 무엇이며, 4주든 4년이든 교사교육 프로그램은 어떻게 운영되어야 하나? 예비교사, 즉 교사가 되기 위해 양성 프로그램에 입문하는 사람은 애초에 어떤 자질을 지니고 있어야 하나?

이 질문을 둘러싼 우리의 대화는 격한 논쟁으로 시작되었다. 우리 세 사람은 똑같이 교육자지만 본래 전공이 심리학이었던 사람, 난민교육 활동에 종사했던 사람, 공식적인 교직이수 과정을 밟은 동시에 '티치 포 아메리카(Teach for America, TFA)'를 수료한 사람 등으로 각자 배경이 완전히 달랐다. 우리는 세 가지 다른 입장을 취하고 있었다. 한 사람은 교사는 매우 특별한 준비 과정을 거쳐 필요한 자질들을 길러야 한다는 생각이었고, 또 한 사람은 누구나 가르칠 수 있다고 주장했으며, 남은 한 사람은 가르치는 일을 맥락 안에서 바라보기를 촉구했다.

예비교사들을 훈련시키는 프로그램들과 관련된 문헌을 검토해보았더니 모두 공식적인 학교교육에 초점을 두고 있음을 확인할 수 있었다. 이러한 교사교육 프로그램들(teacher education programs, TEPs)이 공통으로 요구하는 입학자격을 보면 그 바탕에 누구나 가르칠 수 있는 것은 아니라는 관점이 깔려있다. 모든 개인은 고정불변의 생득적 특질을 갖고 태어나는데, 바로 그 개인적 특성 때문에 자발적으로 교직을 선택하게 된다는 것이다. 그 특성들은 엄격한 자격 요건을 요구하는 핀란드, 캐나다, 싱가포르의 교사양성 프로그램뿐만 아니라 '티치 포 아메리카(TFA)'처럼 다소 느슨한 자격 요건을 요구하는 프로그램에서도 분명하게 나타난다. TFA는 본래 교사교육 프로그램으로 운영되도록 설계된 것은 아니다. 그럼에도 이를 논의에 포함시킨 이유에 대해서는 나중에 설명하게 될 것이다.

교원양성 프로그램에 등록할지 여부를 결정하는 것은 각자의 선천적 특성이라 해도, 예비교사들이 장차 교실에서 가르칠 수 있도록 실질적으로 준비시키는 일은 교원양성 프로그램이 감당해야 할 몫이다. 하지만 선천적 자질을 갖췄다거나 교원양성 프로그램을 수료했다는 것만으로는 예비교사가 교실현장에 뛰어들 준비를 마쳤다고 말할 수 없다. 한편으로는 교원양성 프로그램이 한정된 기간 동안만 교사 성장을 도모한다는 사실 때문이며, 다른 한편으로는 가르치는 일이 성격만 맞으면 되는 일이 아니라 역량을 요구하는 일이기 때문이다(Rodriguez & Fitzpatrick, 2014). 그렇게 본다면 교원양성 프로그램은 교사가 거치는 장기적인 성장 과정을 대체로 무시하고 있음을 우리는 알 수 있었다. 교사의 성장은 교사교육 기간뿐 아니라 현장에 투입돼 학급을 맡은 뒤에도 지속되는 발달 과정이다. 이 글에서는 이 발달 과정이라는 개념을 교사이론(teaching theory)으로 지칭한다. 이 과정에 대한 이해가 없으면 일생에 걸쳐 일어나는 교사의 발달을 이해하는 것이 불가능하다. 여기서 교사 발달(teacher development)이란 한 교사가 교직에 들어간 후 거치는 장기적인 성장 과정으로 정의한다.

그러므로 "교사의 자격은 무엇이어야 하는가?"라는 질문에 답하기 위해서는 교사이론의 맥락 속에서 교원양성 프로그램을 고찰해 보아야 한다. 비록 우리가 어떤 교사이론을 제안할 만한 연구를 실행한 것은 아니지만, 교사이론은 필연적으로 발달론적일 수밖에 없다고 생각하며 이 장에서 교사이론을 언급할 때마다 그 가정을 유지할 것이다. 교사로서 성장해 나가는 시작 단계에서 가장 명백한 역할을 하는 것은 당연히 교원양성 프로그램이라는 점에서, 국제적으로 잘 알려진 네 가지 교원양성 프로그램, 즉 티치 포 아메리카(TFA), 몬테소리(Montessori), 그리고 핀란드와 싱가포르의 교원양성 프로그램을 검토해 보려고 한다. 각 프로그램이 예비교사들을 어떤 식으로 학습이론, 교과지식, 교수법 적용, 현장실습에 관여시키는지 살펴본 뒤에, 이들 교원양성 프로그램이 교사로서의 성장 과정이라는 좀 더 큰 그림 속에서 각각 어떤 위치를 차지하고 있는지 알아보고자 한다. 그럼으로써 우리는 학습이론과 유사하게 교사의 성장 궤적을 폭넓게 이해할 수 있는 교사이론이 없다는 사실을 깨닫게 될 것이다. 교사이론에 대한 이해가 밑바탕이 될 때, 교원양성 프로그램은 장기적인 교사 성장을 지원할 수 있는 교육과정을 마련하고 그로써 교사들을 중단 없는 성장의 길로 안내할 수 있을 것이다.

교원양성 프로그램: 개관

티치 포 아메리카(TFA), 몬테소리, 그리고 핀란드와 싱가포르의 교원양성 프로그램은 전 세계적으로 가장 널리 알려진, 대표적인 교원양성 프로그램들(TEPs)이다. 이들 프로그램을 다루기로 결정한 것은 각각이 보여주는 다양성 때문이었다. 그러나 각 프로그램을 아울러 논리적으로 긴밀한 논의를 펼칠 수 있을 정도로 이들 프로그램 사이의 공통점을 찾기는 어려웠다. 이에 우리는 이들을 서로 비교할 수 있는 하나의 양식을 고안해냈다. ‹표 4-1›에는 우리가 부각시키고자 하는 이들 네 가지 프로그램 간의 차이점들이 요약되어 있다.

우선, 각 프로그램은 하나 이상의 학습이론을 바탕으로 그 교육과정을 마련하고 있다. 여기서 학습이론이란 학생들이 새로운 지식을 어떻게 습득하고 형성해 나가는지에 대한 이해로 정의된다. 이 장에서 사용하는 학생이라는 말은 장차 교사들이 가르치게 될 유치원에서 고등학교 과정까지(K-12)의 아동을 지칭하며 예비교사나 교사 지망생을 가리키지는 않는다. 둘째, 각 교원양성 프로그램이 예비교사들에게 요구하는 교과지식 수준이 서로 다르다. 여기서 교과지식(content knowledge)이란 국어나 과학같이 학생들에게 가르치는 내용을 의미한다. 교사에게 필요한 교과지식의 수준은 취득해야 할 학위 수준이나 시험 점수로 표시할 수 있다. 다음으로, 각 교원양성 프로그램은 예비교사들이 이론을 실천에 적용할 수 있도록 교수법 적용 과정을 마련하고 있는데, 이것은 교실에서 수업을 할 때 활용되는 전략들을 가리킨다. 마지막으로, 모든 교원양성 프로그램은 얼마간의 현장실습(practicum experience) 과정을 요구하는데, 이것은 예비교사들이 배운 것을 실제 교실 상황에서 적용해 볼 기회를 제공한다.

교원양성 프로그램	학습이론	교과지식	교수법 적용	현장실습
TFA	반두라(Bandura)의 사회인지 학습이론	학사학위 및 독자적으로 익혀야 하는 각 주(州)별 필수요건	피어슨(Pearson)과 갤러거(Gallagher)의 점진적 책임 이양 모형	3-4주
몬테소리	피아제(Piaget)와 비고츠키(Vygotsky) 이론에 근거한 인지·운동·사회성 발달 이론	학사학위 및 문법이나 수학 같은 교과별 교원연수과정 이수	몬테소리교수법: 학생중심교육, 교사는 학생의 안내자	7주
핀란드	폭넓은/대중적 학습이론(피아제, 비고츠키, 반두라)	전공 분야 석사학위 및 부전공 과목 이수	교과별 교수법(성찰, 실험, 창의적 문제해결)	약 30주
싱가포르	폭넓은/대중적 학습이론(피아제, 비고츠키, 반두라)	교과 영역 및 4개의 타전공 교과에 능통	21세기 역량을 목표로 하는 다양한 교수법(집단활동, 프로젝트 학습, 탐구)	20주 (석사과정 지원 시에는 10주 추가)

〈표 4-1〉 4가지 교원양성 모델의 비교

티치 포 아메리카(Teach for America)

역사와 주요 특징

미국에서 가장 치열한 논쟁을 불러일으킨 교원양성 프로그램 중 하나로 25년 전 웬디 코프(Wendy Kopp)가 자신의 프린스턴대학 졸업논문을 현실로 옮겨놓기로 하면서 탄생했다. 코프는 미국 내 가장 우수한 대학들에서 졸업생 500명을 모집해 가장 낙후된 학구의 교사 결원을 채우게 했다(Heilig & Jez, 2010). 2년간의 활동 뒤 이 예비교사 군단이 교육계 리더로 부상해 그동안 불우한 아동들의 교육기회를 번번이 제약해 왔던 공교육제도를 변화시키리라는 기대였다.

오늘날 티치 포 아메리카(Teach for America, TFA)는 준비도 제대로 갖추지 못한 교사들을 특별한 도움이 필요한 교실로 보내고 있다는 이유로 극심한 비판을 받고 있다(Brewer, Kretchmar, Sondel, Ishmael, & Manfra, 2016). 토머스 케인(Thomas Kane) 교수는 경제적 관점에서 효율성을 보여주는 양적 증거들을 제시하고 있지만, 린다 달링-해먼드(Linda Darling-Hammond) 교수는 초창기부터 이 조직의 효능에 의문을 제기해 왔다(Darling-Hammond, 1994; Kane, Rockoff, & Staiger, 2008). 하지만 코프가 언급한 것처럼, "TFA는 애초 교원양성 프로그램으로 시작된 것이 아니었다."(2016년 3월 7일 개인면담) 그럼에도 지금까지 이 프로그램이 발휘해온 추진력과 세간의 관심 탓에 이제는 이를 다른 대안적 교원양성 프로그램들과 구분하기가 어려워졌다. 이 점을 염두에 두고, 또 교실에서 거둔 호평과 성공을 고려해, TFA를 교원양성 프로그램의 하나로서 검토해 보기로 한다.

TFA의 학생 선발 과정에서는 누구나 가르칠 수 있는 것은 아니라는 이 단체의 신념이 엿보인다. 홈페이지에 제시된 자격 조건은 학사학위, 미국 시민권, 그리고 학부 과정 평점(GPA) 2.50 이상이 전부이다. 하지만 TFA는 이외에도 유능한 TFA 교사가 가져야 할 특성들을 제시하고 있는데, 여기에는 "모든 아동의 잠재력에 대한 깊은 믿음, 학생을 위한 기회 확대를 위해서는 어떤 일이라도 하겠다는 헌신성", "입증된 리더십 역량", 그리고 "탁월한 창의적 사고력" 등이 포함되어 있다(www.teachforamerica.org/join-tfa/is-tfa-for-you).

지원자가 이 프로그램에 입학 허가를 받기 위해서는 직원들에게 이러한 특성들에 대한 평가를 받아야 한다. 온라인으로 지원서를 제출한 후 선발된 지원자들은 전화 면접과 온라인 활동에 참여하게 된다. 여기서 선발된 지원자들은 개별 면담, 집단 활동, 수업 시연 등으로 구성된 하루가 꼬박 걸리는 면접시험에 참여한다(Brewer, 2013). TFA가 찾는 특성들을 효과적으로 입증한 지원자들은 이 굉장히 까다롭게 선발되는 정예 집단에 초대되는데, 2010년의 경우 지원자 중 11퍼센트만이 입학을 허가받았다(Timmerman, 2011).

학습이론

TFA는 선발된 예비교사들에게 하계대학(Summer Institute)이라 불리는 4-6주간의 연수 프로그램을 통해 성공적인 교사가 되기 위한 능력을 갖추도록 한다. 이 기간 동안 예비교사들은 여름학교 수업을 진행하고 TFA의 주요 학습이론을 다루는 강좌와 워크숍에 참석한다. 하계대학은 지난 수십 년에 걸쳐 변화를 거듭해 왔는데, 우리는 2010년 이후 TFA에 나타난 두드러진 경향을 조사했다.

TFA는 2011년 「Learning Theory(학습이론)」이라는 책자를 출간해 연수생들에게 가장 기본적이고도 널리 사용되는 사고와 학습에 관한 사고 모형들을 파악할 수 있는 자료를 제공하고 있다(TFA, 2011). 이 책자에서 TFA는 예비교사들이 왜 학습이론을 알아야 하는지를 설명하고, 연령에 따른 인지발달의 특징을 개관하며, 다양한 사고 수준과 학습양식을 이해하기 위한 개념 틀을 제시한다.

이 책은 또 블룸의 교육목표 분류(Bloom's taxonomy)와 하워드 가드너의 다중지능이론(Theory of Multiple Intelligence), 그리고 학습이론의 기초로서 최근 부상하고 있는 단기기억 및 장기기억 연구를 소개하고 있다(TFA, 2011). 하지만 우리는 이번 연구를 통해 TFA의 학습이론이 앨버트 반두라(Albert Bandura)의 사회인지이론(social cognitive theory)과 좀 더 긴밀히 맞닿아 있다는 결론을 얻었다. 이 이론에 따르면, 학습이란 다른 사람들의 행동을 관찰하고 자신의 행동을 강화하는 과정을 통해 무언가를 배우는 사회적 노력이다(Bandura, 1971). 이상과 같은 학습이론들은 예비교사들이 장차 교실에서 하게 될 교수활동의 기반 지식이 된다.

교과지식

많은 미국 대학들이 운영하고 있는 교원양성 프로그램들은 지원자들에게 복수전공을 이수하거나 교과지식을 확실히 숙달할 것을 요구하지만, TFA는 그런 요건 없이 학사학위만으로도 지원이 가능하다. 최종적으로 예비교사들은 비통상 교원 자격을 인정받기 위해 각 주가 제시하는 필수요건을 갖춰야 하는데, 많은 경우 교과지식에 관한 시험을 요구한다("Applicant prerequisites," n.d.).

교수법 적용

어떤 기량을 쌓기 위한 지도 과정이 다 그렇듯이, TFA 역시 연수 중인 예비교사들이 교수법 적용을 연습하는 데 도움이 될 수업계획 양식을 제공한다("Lesson Planning Part I," n.d.). 이 양식은 수업을 시작, 중간, 끝의 세 부분으로 나눈다(Farr, 2010). 수업의 중간 부분은 피어슨과 갤러거(Pearson and Gallagher, 1983)가 제안한 '책임의 점진적 이양(Gradual Release of Responsibility, GRR)' 모형과 긴밀히 상응한다. 이 모형에 따르면, 교사는 특정 지식이나 기술을 시연하며("내가 해볼게") 수업을 시작하고, 다음에는 학생들이 그 기술을 개발할 수 있도록 함께 작업하며("우리가 해보자"), 협동학습을 위한 여지를 제공하고("너희가 같이 해봐"), 학생이 그 기술을 독립적으로 시연해 보이는 것으로

("네가 혼자서 해봐") 수업을 마무리한다(Clark, 2014). 목표는 수업이 마무리될 무렵 학생이 과제나 기술을 혼자 수행할 수 있게 하는 것이다. 이 모형은 반두라의 사회인지이론을 교사에 대한 교육과 학생들을 교육시키는 교사에게 동시에 적용하고 있음을 보여준다. 하계대학 연수 기간에 교사들은 수업 실습을 참관하고, 지도를 받으며 직접 실습을 해 보고 나서 자기 교실을 배정받는다. 그들은 관찰을 하고, 이를 통해 자신이 배운 바를 강화한다. 교사들은 나중에 학생들도 같은 모형을 통해 새로운 지식을 숙달할 것을 기대한다.

현장실습

TFA 예비교사들은 실제 교실에서 가르쳐 볼 기회가 많지 않다. 5-6주 동안 이어지는 하계대학 연수 기간에는 통상 하루에 1회 정도의 수업을 진행해 볼 수 있다. 1회 수업은 45분에서 2시간 길이로 다양하며, 가르치는 학생 수 역시 학급별로 극명한 차이를 보인다.

> 하계대학 기간 동안, 내가 맡은 학급의 학생 5명 중 3명만 제시간에 나타나도 행운이었고, 출석한 학생들의 복장 불량을 지적할 일이 없는 날은 자동적으로 성공적인 하루가 될 정도였다. 두 달 후 내가 정식으로 맡게 된 학급에서 16명의 학생들이 나를 반겨주었던 것과는 천지차이의 환경이었다.
> ─로런 오언

가을에 전일제 교직생활을 시작하고도, 신임 교사들은 2년간의 약정 기간 동안 TFA 멘토로부터 지속적인 전문 코칭을 받는다.

몬테소리

역사와 주요 특징

단기간에 부상한 TFA와는 달리, 몬테소리 교육법(Montessori Method)은 오늘날 활용되고 있는 가장 오래된 교육과정이자 교수법이며, 한 세기가 넘는 역사를 지니고 있다. 몬테소리 교육법은 꾸준하고 체계적으로 부상해 오늘날의 지위에 이르렀으며, 현재는 세계 각지에 지지자들을 두고 있다. 현재 약 2만 2,000개의 학교가 이 프로그램과 연계를 맺고 있다(North American Montessori Teachers' Association, 2016). 이탈리아 최초의 여의사였던 마리아 몬테소리 박사(Dr. Maria Montessori)는 이탈리아 빈민가에서 자라며 비전형적인 발달 양상을 보이던 아동들과 함께 작업하고 이들을 관찰하면서 독자적인 교육과정과 교수법, 교구, 교실환경을 설계했다. 이는 전인(全人)으로서의 아동과 그 아동의 발달을 아우르는 교수학습 철학인 몬테소리 교육법으로 귀결되었다. 비전형적 발달을 보이던 아동들을 가르쳐 정상적 발달 과정 중의 아동들과 동등한 수준의 수행 결과를 보이게 하는 대단한 성공을 거둔 뒤, 박사는 자신의 교육법을 모든 아동에게 적용할 수 있도록 확장시켰다.

몬테소리 박사는 자신의 교수법을 뒷받침할 교사교육 프로그램을 개발했다. 이 프로그램의 철학은 다음 인용문에 잘 나타나 있다. "교사가 아이를 사랑하는 것만으로는 충분치 않다. 교사는 먼저 우주를 사랑하고 이해해야 한다. 교사는 이를 위한 소양을 기르고 그에 열심히 임해야 한다."(Montessori, 1949) 몬테소리 교사양성 프로그램에 입학하려면 대학 학사학위를 취득해야 하며, 에세이를 쓰고 추천서를 제출해야 한다. 일부 몬테소리 프로그램은 학생-교사(student-teacher)로 불리는 예비교사들에게 학사학위와 몬테소리 교사 자격을 동시에 취득할 수 있는 과정을 제공하기도 한다.

학습이론

몬테소리 교육법은 교수법인 동시에 학습이론이다. 몬테소리는 피아제(Piaget & Inhelder, 1973)와 비고츠키(Vygotsky, 1978)의 저작과 개인적인 관찰을 바탕으로 자신의 학습이론을 개발했다. 몬테소리 박사는 아동발달을 출생에서 6세, 6세에서 12세, 12세에서 18세, 18세에서 24세라는 네 개의 독특한 국면 혹은 단계로 제시했다(Lillard, 2005). 이 학습이론을 바탕으로 설계되는 몬테소리 학교의 혼합연령 교실에서 학생들은 특별한 자료나 수업에 흥미를 보이고 학습을 하면서 다음 국면으로 나아간다. 몬테소리 박사의 학습이론은 각각의 발달 국면에서 벌어지는 인지·운동·사회성 발달 양상을 제시한다.

교과지식

몬테소리 교사교육 모형의 독특한 점은 수업 창안 과정을 통해 학생-교사들이 교과지식을 내재화하도록 하는 방식이다. 교원양성 기간 동안 학생-교사들은 국어, 수학(기하와 대수), 생물학, 지리학, 음악 등의 기초수업을 듣는다. 그런 다음 모의 수업 환경에서 다른 동료 학생-교사들을 가르치는 식으로 이들 교과 관련 수업을 연습한다. 그 후에는 자격을 갖춘 교사들의 지도감독 하에 실제 학생들을 가르친다. 이 실습 과정을 마치고 나서야 비로소 학급 하나를 직접 맡아 수업을 하는 것이 허용된다. 학생-교사들은 또한 장차 자신의 학급에서 사용할 여러 수업 자료를 직접 만든다. 이 과정을 통해 교과내용에 대한 이해가 심화되며, 지도감독 교사들이 이들의 교과지식 숙달 정도를 평가할 수 있다. 만일 어떤 학생이 어떤 주제에 대해 특별한 관심을 보이는데 교실 안에서는 그 지식욕을 충족시킬 수 없을 경우, 교사는 학생에게 교실 밖으로 나가 지역사회에서 추가적인 자원을 찾을 수 있도록 권한다.

교수법 적용

몬테소리 교육법은 전인적이고 학생 중심적인 교수법으로 설계되었다. 교실 환경에서 학생들은 자신이 할 과제와 학습경험을 선택한다. 학부모와 교사, 멘토는 학생들에게서 찾은 단서를 바탕으로 그들의 학습경험을 안내하고 이끌어 준다. 아동의 생래적 호기심과 주변 환경에서 배우고 보고 흡수하려는 열의에 조력하기 위해 교사가 할 일은 소집단 수업과 개별적 상호작용으로 아이들의 상상력에 불을 붙이는 것이다. 아동은 자신의 발달 역량 안에 드는 자료에 자연스럽게 이끌린다. 비고츠키(Vygotsky, 1987)의 근접발달영역(zone of proximal development) 이론에서와 마찬가지로, 아동의 발달 수준에 미치지 못하는 자료는 더 이상 흥미를 지속시키지 못하며 현재의 발달 수준을 넘어서는 자료 역시 아동의 주의를 끌지 못한다. 한 아이가 새로운 자료와 수업에 호기심을 보이고 그것을 받아들일 발달상의 준비가 되어 있는 시점을 제때 알아차릴 수 있도록 주의 깊은 관찰자가 되는 것이 교사의 임무다. 이러한 이유로, 교사들은 "아이들이 실제적이고 자기교정적(self-correcting) 자료를 사용하는 과정에서 자신의 힘과 역량을 찾아 나가도록 돕는 전문가라는 점에서 아이들에게는 안내자가 된다(AMI/USA, 2014)."

현장실습

교사 자격을 취득하기 위한 과정으로, 학생-교사들은 학생이 없는 교실에서 몬테소리 학습자료를 활용해 동기들을 대상으로 수업하는 4-5

주의 교생실습 기간을 보낸다. 그 뒤에는 약 7주 동안 다양한 주임교사들과 함께 여러 교실에서 경험을 쌓는다. 그들은 수업 진행을 연습하고 실제 수업을 참관하면서 교사가 수업을 어떻게 이끌어 나가는지 포괄적인 감을 쌓는다. 그런 다음, 학생-교사들은 자신이 주임교사로 위임된 교실을 배정받는다. 하지만 교실현장에서 충분한 시간을 보내기 전까지는 숙련된 교사로 간주되지 않는다. 교직에서 5년간의 경험을 쌓고 나서야 비로소 교사자격증 뒷면에 인증 도장을 받는다(2016년 3월 24일 톰 포슬웨이트(Tom Postlewaite)[1]와의 개인면담).

핀란드

역사와 주요 특징

어떤 교사교육 프로그램들은 정부 지원이나 지침 없이 개발되기도 하지만, 대부분의 국가는 교사교육 프로그램을 직접 후원한다. 핀란드는 그중에서도 두드러진다. 1960년대만 해도 스칸디나비아 이웃 국가들에 비해 뒤처져 있었고 말레이시아 같은 개발도상국과 같은 수준이었던 핀란드의 교육제도는, 이제 국제적으로 가장 뛰어난 성과를 보이는 사례 중 하나가 되었다(Sahlberg, 2015). 1970년대부터 핀란드는 교사양성 대학을 개편하고, 교사들의 자율성을 확대했으며, 학교 평가를 폐지하는 등 점진적으로 교육제도를 정비하기 시작했다.

1   1992년 산타크루즈 몬테소리 학교(Santa Cruz Montessori)를 설립했고 현재 이사회에 소속돼 있다―옮긴이

핀란드에서는 대학 기반 교사교육 프로그램들이 선발제로 전환되면서 자연스럽게 지원 경쟁이 치열해졌다. 핀란드 대학들의 초등학교 예비교사(소위 '교사 후보생') 입학 정원은 매년 800명뿐이라서 지원자 10명 중 1명꼴로 합격한다(Sahlberg, 2015). 고등교육을 받을 수 있는 사람은 누구나 지원할 수 있지만, 몇 단계로 이어지는 평가 과정은 높은 수준의 학업성취도, 확고한 대인관계기술, 학생과 교직에 대한 열정적 헌신을 보여주지 못하는 지원자들을 걸러낸다. 합격하려면 바카바(VAKAVA) 시험(엄선된 학술 논문에 근거해 출제된 180문항의 선다형 시험), 교육학 시험, 평가 과제, 최종적으로는 일대일 면접에서 좋은 성적을 거둬야 한다. 이 같은 선발 과정 덕분에 교사 후보생들은 교육학(또는 중학교나 고등학교에서 가르칠 교과 전공) 석사학위를 요하는 엄정한 교사양성 프로그램 자체는 물론, 미래의 교실에서 만날 학생들의 변화무쌍한 요구에 부응하기 위한 준비를 확실하게 하지 않을 수 없다.

핀란드 전역에서 8개의 연구중심 대학이 교사교육과정을 개설하고 있지만, 기본적인 내용과 전반적인 목표, 최소이수학점 등은 법적으로 표준화되어 있다. 핀란드의 교사교육은 자율성을 보장받는 각 대학 내에서의 연구와 실천, 성찰을 기반으로 하여 이루어진다.

학습이론

핀란드 교사교육 프로그램은 연구 기반의 대비 방식을 중심으로 하는데, 덕분에 교사 후보생들은 학습이론을 깊이 있게 이해할 수 있게 된다. 대학에서는 행동주의, 구성주의, 인지주의 등을 포함한 다양한 학습이론을 폭넓게 가르치고, 이를 통해 교사 후보생들은 학생들의 성장 방식을 깊이 있게 이해한다. 이렇게 쌓은 지식은 장차 연구 프로젝트를 수행할 수 있는 기본 토대가 되어, 후보생들이 이 같은 학습이론이 교실에서 어떤 역할을 하는지 탐구할 때 도움을 준다. 학습이론에 관한 이처럼 면밀한 지식은 교사에게 연구자로서의 자질을 갖춰주며, 이는 핀란드 교사교육제도의 대표적인 특징이기도 하다(Jyrhämä et al., 2008).

교과지식

핀란드의 전형적인 교사교육 프로그램은 수학이나 과학 또는 음악과 같이 후보생이 가르치고자 하는 학문 분야에 따라 5-6년 정도 소요된다. 이 기간에 후보생들은 교과지식을 심화시키면서 학습이론과 연구방법론에 대한 이해를 보완한다. 예를 들어 초등학교 교사 후보생은 교육학을 전공하면서 초등학교에서 가르치는 교과 중 두 가지(가령, 수학과 음악)를 부전공으로 이수할 수 있고, 고등학교 교사 후보생은 자신이 가르치려는 교과를 전공으로 삼고 다른 교과를 부전공으로 이수할 수 있다. 이런 모형 하에서 교사 후보생들은 자신이 가르칠 교과를 중심으로 교과지식과 교수법을 완벽히 숙달해야 한다.

교수법 적용

핀란드 교사들은 담당 교과의 특별한 교수법을 토대로 하여 자신이 갖춘 교육학적 지식과 기술을 수업에 적용한다. 핀란드의 교사교육은 교과지식과 실천 방법을 체계적으로 통합함으로써 교사들이 교실현장에서 교육학적 사고와 근거 중심 의사결정을 제고할 수 있도록 해준다(Sahlberg, 2015). 이러한 특징들이 서로 조합을 이루면서 교사들은 좀 더 자율적으로 교과의 특성에 따라 서로 다른 교수법의 적용 전략을 선택할 수 있게 된다.

현장실습

핀란드 교사교육 프로그램에서 현장실습이 차지하는 비중은 대학병원에 필적하며, 대학이 교사수련학교를 직접 운영한다. 교사 후보생은 교육학 석박사 학위를 지닌 교수진의 지도하에 실습학교에서 현장실습 과정을 수료한다. 실습학교 외에, 네트워크로 연결된 지역 공립학교 중 한 곳에서 수련을 받는 교사 후보생들도 있다. 5년간의 프로그램을 거치는 동안 교사 후보생들은 초보적인 교수활동에서 출발해 최종 실습 단계에서는 다양한 학생 집단을 상대로 독자적인 수업을 진행하며 이를 참관하는 지도교사와 교육학 교수, 강사들의 평가를 받는다. 살베리(Sahlberg, 2015)에 따르면, 교사 후보생들은 일반적으로 학습 시간의 15-20퍼센트를 수업 관찰과 교수실습에 할애한다.

싱가포르

역사와 주요 특징

핀란드와 마찬가지로, 싱가포르의 교사교육 프로그램에 들어가기 위해서는 학업성적이 우수해야 한다. 일차로 선발된 교사 후보생들이 치르는 면접에서는 효과적인 교수 활동의 필수 조건으로 보는 인내심, 대인관계 기술, 헌신성 등의 자질들을 평가한다. 이러한 선발 과정이 교사교육 프로그램의 긍정적 성과와 더불어 교직을 싱가포르 사회에서 존경과 선망의 직업으로 만들었다(Sclafani, 2015).

2001년 전격 개편을 거친 난양이공대학교(Nanyang Technological University) 산하 싱가포르국립교원대(National Institute of

Education, NIE)는 싱가포르 유일의 교사교육 프로그램에 지원하는 평균 1만 6,000명의 지원자 가운데 단 2,000명을 선발해 입학시킨다(Sclafani, 2015). 교육부 감독하에 추진된 NIE의 교육과정 개편은 교사의 경력개발과 예비교사 수련에 방점을 두는데, 교육부는 교사교육 프로그램 이수자 중 각 동기집단의 상위 3분의 1에서 교사를 임용한다. 교사들은 임용 후 세 가지 진로 즉, 교수 트랙(teaching track, 교실 수업에 치중할 수 있으며 차후 수석교사(master teacher)로 승진할 수 있는 경로—옮긴이), 리더십 트랙(leadership track, 학교 행정가로 승진하거나 교육부에서 일할 수 있는 경로—옮긴이), 전문가 트랙(senior specialist track, 교육부에 소속돼 교육 연구와 개발에서 핵심적인 역할을 수행하기 위한 경로—옮긴이) 중 하나를 선택한다(Sclafani, 2015). 신규 교사가 몇 명 임용되는가에 따라 행정 당국은 다음 해에 필요한 신규 교사의 수를 가늠하고, 그에 맞춰 교사교육 프로그램 입학자 수를 결정한다.

지원과정에서 선발된 학생들은 정부로부터 전액 장학금을 받는데, 여기에는 등록금과 수업료 전액, 각종 비용과 매월 용돈까지 포함돼 있다. 하지만 만약 후보생이 프로그램을 성공적으로 마치지 못하면, 투자된 비용을 전부 상환해야 한다. 이는 후보생이 프로그램을 끝까지 이수하도록 하는 강력한 유인책이 된다. 이와 더불어 NIE와 교육부의 추가적인 지원 덕분에 후보생들이 교사교육 프로그램을 중도에 그만두는 비율은 매년 약 1퍼센트 정도에 그치고 있다(Sclafani, 2015).

학습이론

핀란드와 마찬가지로 싱가포르의 교사교육 프로그램도 후보생들에게 행동주의에서 인지주의에 이르는 다수의 학습이론을 습득하여 연구를 위한 기초 역량을 갖출 것을 요구한다. 싱가포르는 문제 해결과 탐구학습의 주기를 거치는 '연구자로서의 교사(teachers as researchers)'라는 철학을 바탕으로 예비교사들이 직접 연구를 수행하며 학습에 관해 터득하기를 기대한다(Darling Hammond & Rothman, 2011). 후보생들은 교사교육 프로그램 과정에서 수행하는 연구 프로젝트를 통해 교수 학습을 방해하는 애로사항들을 파악하고 그간 익힌 학습이론을 바탕으로 해결책을 모색하며, 교실에서 만날 학생들의 요구에 부응할 수 있는 방안을 찾는다. 다시 말해, 싱가포르의 교사들은 장차 교실에서 직면하게 될 다양한 문제를 해결하기 위해 새로운 전략들을 활용한다.

교과지식

싱가포르의 교사 후보생들은 교사교육 프로그램을 이수하는 동안 인문 또는 과학 분야 과목 중 하나를 선택해 수강할 수 있는 재량을 갖는다. 이를 통해 그들은 졸업 후 맡게 될 수업 관련 교과지식을 습득한다. 초등학교 교습을 준비 중인 후보생들은 각자 전공과목에서 훈련을 받는 동시에 4개의 필수과목(영어, 수학, 과학, 사회)에 대한 준비도 갖춰야 한다(Darling Hammond & Rothman, 2011). 중등학교 교사 후보생들은 자신이 택한 계열(예: 인문, 과학, 혹은 통합)을 바탕으로 장차 가르칠 2개 교과목을 숙달해야 한다. 일반적으로 싱가포르의 교사교육 프로그램은 교사들에게 기초과목과 선택한 전문 분야에 숙달할 것을 요구한다.

교수법 적용

교사 후보생들은 교사교육을 받는 동안 이론을 수업 실제에 적용하는 방법을 배우기 위해 강의를 듣는다. 그들이 사용하는 전략 중 핵심이 되는 부분은 수업 설계와 공학, 효율적인 학급 경영이다. 싱가포르는 이른바 "생각하는 학교, 학습하는 국가(Thinking Schools, Learning Nation)"라는 제도 전반적 개혁을 통해 "미래의 도전에 맞설 수 있는 사려 깊고 열성적인 시민과 21세기 요구에 맞는 교육제도를 갖춘 국가"를 총체적 학습 환경의 비전으로 삼았고, 이에 따라 교사 후보생들은 자신이 교사교육 프로그램에서 경험한 집단 활동 및 프로젝트 기반 학습을 통해 학생들의 21세기 역량을 계발시키는 법을 배운다(Deng, 2004). 프로젝트 기반 학습(project-based learning)이란 아이들이 한 가지 프로젝트를 장기간 탐구함으로써 필요한 교과지식과 기술 역량을 계발할 수 있도록 해주는 교육학적 접근법이다. 이런 프로젝트는 학생들이 실제 세계의 문제를 연구해 볼 수 있게 지원하는 방식으로 설계된다. 후보생들은 이어 문화와 역사, 교육 이슈 및 문제들에 대한 철학적 관점과 연계시켜 교수법을 조정한다.

현장실습

훈련 초기부터 교사 후보생들은 현장실습 과정을 통해 교실 상황을 경험한다. 후보생들은 NIE 교수들이 현직 교사 및 행정가들과 긴밀히 협력해 연구하는 모습을 관찰하고 보조하며 그들과 함께 학습한다. 교수들은 후보생들의 수행성과에 관해 보고서를 작성한다. 현장실습은 강화된 학교협력 모델을 통해 이루어지는데, NIE와 교육부, 그리고 교원 양성 프로그램에 참여하기를 원하는 학교들 간의 3자 협력관계가 특징이다(NIE, 2010). 후보생들은 학부과정 4년의 재학 기간 중 20주 이상을 협력학교에서 실습하지만, 1년 과정의 대학원 프로그램 중에도 10주간의 현장실습을 하도록 되어 있다(NIE, 2010). 교수 역량 신장을 돕기 위해, 교원양성 프로그램에서는 새로운 교수전략을 적용하는 시범교실을 교사 후보생들이 참관하게 한다.

교사이론이 제공하는 렌즈들

가르칠 자격이 있는 사람은 누구인가를 둘러싼 논쟁은 종종 교원양성 프로그램을 중심으로 전개된다. 지금까지 다양한 교원양성 프로그램이 유사한 프로그램 구성 요소로 예비교사들을 훈련시키는 방식을 살펴보았다. 하지만 경력에 따른 교사 성장의 복잡성을 이해하려면, 교사이론이라는 렌즈를 통해 교원양성 프로그램을 고찰해야만 프로그램의 전통적 역할을 넘어서서 교사들이 보여주는 장기적인 성장을 납득할 수 있다.

가르침이란 학습과 마찬가지로 일종의 발달 과정이며, 교원양성 프로그램을 마친 후의 결정적인 경험들은 교사가 끊임없이 자신의 지식과 기술을 키워나가는, 실질적인 평생학습자가 되도록 이끈다(Darling-Hammond & Bransford, 2005, p.3). 그러므로 교원양성 프로그램은 "교사의 자격은 무엇이어야 하는가?"라는 질문에 답하기 위해 살펴보아야 하는 한 측면에 불과하다. 이 질문에 제대로 답하기 위해서는 교사가 겪는 발달 과정과 이 과정에 교원양성 프로그램이 어떤 영향을 미치는지를 좀 더 명확히 이해할 필요가 있다.

교사이론은 끝없는 자기평가, 상호작용, 경험, 신중한 실천 등을 통해 성장하는 교사 개인의 발전 과정을 망라한다(Rodriguez & Solis, 2013). 교사이론의 렌즈를 통해 교원양성 프로그램을 바라본다면, 교사, 학교제도, 정책결정자, 교원양성 프로그램이 교사의 성장을 뒷받침하는 교육과 전문성 발달 과정을 설계할 수 있을 것이다. 교사의 성장을 측정할 수 있는 한 가지 방법으로 ‹표 4-2›와 같은 하나의 스펙트럼을 생각해볼 수 있다. 교사의 성장 단계에 따라, 기술어(descriptor)를 사용해 스펙트럼 상에서 교사의 위치를 표시할 수 있다. 기술어는 성격

특성과 달리 스펙트럼 위의 어느 한 지점에 위치한 교사를 묘사하는 형용사이다. 교사이론은 교사들이 스펙트럼 위에서 자신의 움직임을 돌아볼 수 있게 하나의 렌즈가 되어준다.

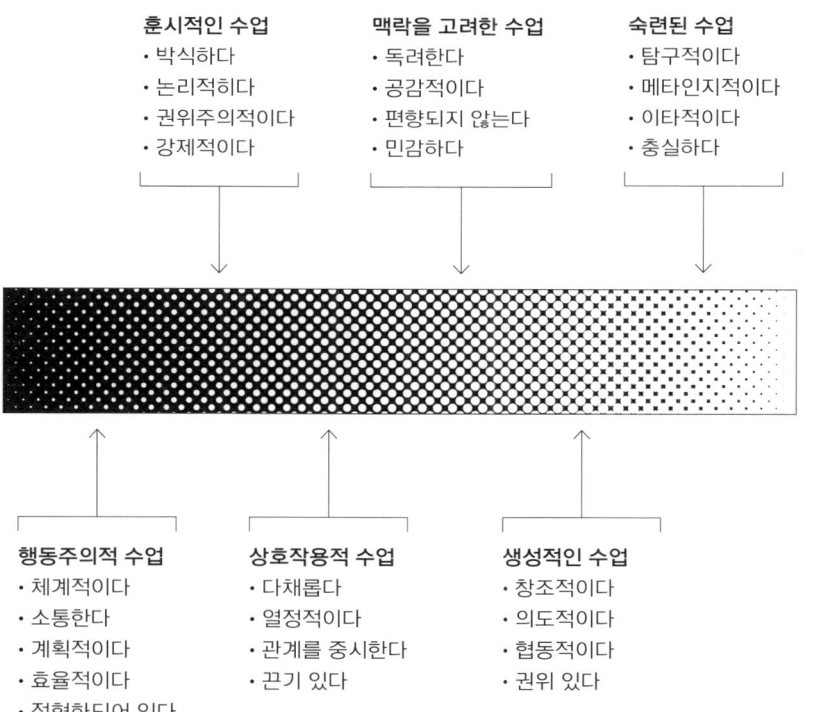

〈표 4-2〉 교사 발달 스펙트럼 상의 기술어들

이 스펙트럼은 학교, 교원양성 프로그램, 교사들이 사용할 수 있는 도구가 된다. 학교는 이 스펙트럼으로 전문성 발달 과정을 효과적으로 차별화해 교사의 성장을 이끌 수 있다. 교원양성 프로그램은 한 교사가 프로그램에 입문한 당시와 졸업할 시점에 스펙트럼 상의 어느 지점에 있는지 가늠할 수 있고, 나아가 전문성을 지속적으로 성장시킬 수 있는 환경으로 이끌 수 있다. 교사들은 자신이 스펙트럼 위에서 어디쯤에 있는지 짚어 보고, 교사이론을 활용해 자신의 목표와 성장을 위한 전략을 세울 수 있다.

린다 달링-해먼드와 존 브랜스퍼드(John Bransford)의 연구는 교사의 성장을 그가 거쳐 온 발달 궤적(developmental trajectory)으로 표현한다(Darling-Hammond & Bransford, 2005). 이 궤적은 개념을 실제와 통합시키고 교사가 자신이 어떤 기술을 갖추었는지 성찰하도록 하는 길잡이가 되어준다. 그러나 달링-해먼드와 브랜스퍼드는 또한 이 발달 궤적을 정의하기가 어렵다는 사실도 인정한다.

> 특정 학습 기회들과 실제 교사교육에서 [교사의 발달을] 어떻게 활용할 수 있을지, 또 그로부터 산출될 결과는 무엇일지 알아낸다는 것은 어떤 면에서 가장 복잡한 종류의 연구라고 할 수 있다. 교사가 무엇을 어떻게 배우는가를 추적할 뿐만 아니라 배운 것을 어떻게 활용하며 어떤 효과를 위해 사용하고 있는지도 추적해야 하는 일이기 때문이다(p.29).

교사들이 교수법을 활용해 교과지식과 학습이론을 적용하는 것처럼, 교사교육자 역시 교사 발달과 교사이론을 교원양성 프로그램에 적용할 수 있는 도구가 필요하다. 그렇게 될 경우 교원양성 프로그램은 훨씬 수월하게 교사들을 스펙트럼 상의 바람직한 지점으로 떠밀어 줄 수 있을 것이다. 질문은 이제 "교사의 자격은 무엇이어야 하는가?"에서 "교사는 어떻게 발달하는가?"로 달라진다.

결론

"누구나 가르칠 수 있나?"라는 질문에 대해 단순히 '예' 또는 '아니오'로 답하는 것은 결국 교사 발달의 복잡성을 부정하는 일이며 추가로 다음과 같은 궁금증을 불러일으킨다.

1. 교원양성 프로그램은 교사 후보생들이 현직에 입문한 뒤에도 성장을 지속할 수 있도록 어떤 역량의 씨앗을 심어줄 수 있는가?
2. 어떤 전략이나 과정이 교수 스펙트럼 상에서 교사의 성장을 돕는가?
3. 우리는 발달적 교사이론의 증거로 무엇을 찾아볼 수 있을까?
4. 교사들은 교수 스펙트럼을 토대로 발달 경로 상에서 어떻게 자신의 위치를 확인할 수 있는가?

교원양성 프로그램에 대한 우리의 연구만 놓고 볼 때, 특히 교실에서 벌어지는 실제 수업 상황의 경우 어떤 사람이어야 가르칠 자격이 되는지 혹은 어떤 사람이 가르쳐야 하는지를 추정하기란 어려운 일이다. 교원양성 프로그램은 단지 교사 발달의 일부분만을 드러내보일 뿐이다.

우리가 내릴 수 있는 결론은 교사가 자신의 발달 궤적을 이해하도록 돕는 데 교원양성 프로그램이 중요한 역할을 한다는 것이다. 현재 교원양성 프로그램들은 저마다의 구성 요소와 신념을 기초로 교실 현장에서 필요한 능력을 갖추었다고 생각하는 교사들을 양성하고 있다. 하지만 교사 성장은 교원양성 프로그램을 수료하는 것으로 끝나는 것이 아니다. 한 사람의 교사가 교원양성 프로그램 중에 이뤄내는 성장을 발달적 교사이론의 맥락에 가져다 놓음으로써, 교사들은 자신의 강점을 더 잘 이해하고 장기적으로 성장이 필요한 영역에 집중할 수 있게 될 것이다. 이에 우리는 교사 발달에 관한 논의를 진전시킬 수 있도록 발달적 교사이론에 대한 추가 연구를 제언한다.

참고문헌

AMI/USA. (2014). *The Montessori teacher*. Retrieved from http://amiusa.org/

Applicant prerequisites. (n.d.). Retrieved from https://www.teachforamerica.org/teach-with-tfa/tfa-and-you/applicant-prerequisites

Bandura, A. (1971). *Social learning theory*. New York, NY: General Learning Press.

Brewer, T. J. (2013). From the trenches: A Teach for America corps member's perspective. *Critical Education, 4*(12), 1-17. Retrieved from http://ojs.library.ubc.ca/index.php/criticaled/article/view/183939

Brewer, T. J., Kretchmar, K., Sondel, B., Ishmael, S., & Manfra, M. M. (2016). Teach for America's preferential treatment: School district contracts, hiring decisions, and employment practices. *Education Policy Analysis Archives, 24*(15), 1-31.

Clark, S. (2014). Avoiding the blank stare: Teacher training with the gradual release of responsibility in mind. *English Teaching Forum*, 28-35.

Darling-Hammond, L. (1994). Who will speak for the children? How "Teach for America" hurts urban schools and students. *Phi Delta Kappan, 76*(1), 21-34. Retrieved from http://www.jstor.org/stable/20405253.

Darling-Hammond, L., & Bransford, J. (Eds.). (2005). *Preparing teachers for a changing world: What teachers should learn and be able to do*. San Francisco, CA: Jossey-Bass A Wiley Imprint.

Darling-Hammond, L., & Rothman, R. (Eds.). (2011). Teacher and leader effectiveness in high-performing education systems, *Alliance for Excellent Education*.

Deng, Z. (2004). Beyond teacher training: Singaporean teacher preparation in the era of new educational initiatives. *Teaching Education, 15*(2), 159-173.

Farr, S. (2010). *Teaching as leadership*. San Francisco, CA: Jossey-Bass.

Heilig, J. V., & Jez, S. J. (2010). Teach for America: A review of the evidence. *Boulder and Tempe: Education and the Public Interest Center & Education Policy Research Unit*. Retrieved from http://epicpolicy.org/publication/teach-for-america

Jyrhämä, R., Kynäslahti, H., Krokfors, L., Byman, R., Maaranen, K., Toom, A., & Kansanen, P. (2008). The appreciation and realisation of research-based teacher education: Finnish students' experiences of teacher education. *European Journal of Teacher Education, 31*(1), 1-16.

Kane, T. J., Rockoff, J. E., & Staiger, D. O. (2008). What does certification tell us about teacher effectiveness? Evidence from New York City. *Economics of Education Review, 27*(6), 615.631. doi: 10.1016/j.econedurev.2007.05.005

Lesson Planning Part I. (n.d.). Retrieved from http://teachingasleadership.org/sites/default/files/Related-Readings/IPD_Ch5_2011.pdf

Lillard, A. S. (2005). *Montessori: The science behind the genius*. New York, NY: Oxford University Press, Inc.

Montessori, M. (1949). *The absorbent mind*. Madras, India: Kalakshetra.

National Institute of Education (NIE). (2010). A teacher education model for the 21st century: TE 21 [PowerPoint presentation]. Singapore: Author.

North American Montessori Teachers' Association. (2016). *How many Montessori schools are there?* Retrieved from http://www.montessori-namta.org/FAQ/Montessori-Education/How-many-Montessori-schools-are-there

Piaget, J. & Inhelder, B. (1973). *Memory and intelligence*. London, England: Routledge & Kegan Paul.

Pearson, P. D., & Gallagher, M. (1983). The instruction of reading comprehension. *Contemporary Educational Psychology, 8*, 317-344.

Rodriguez, V., & Fitzpatrick, M. (2014). *The teaching brain: An evolutionary trait at the heart of education*. New York: The New Press.

Rodriguez, V., & Solis, S. L. (2013). Teachers' awareness of the learner-teacher interaction: Preliminary communication of a study investigating the teaching brain. *Mind, Brain, and Education, 7*(3), 161.169. doi:10.1111/mbe.12023

Sahlberg, P. (2015). *Finnish lessons 2.0: What can the world learn from educational change in Finland*. New York, NY: Teachers College Press.

Sclafani, S. (2015). *Singapore chooses teachers carefully. 97*(3), 8-13.

Teach for America (TFA) (2011). *Learning Theory*. Retrieved from http://teachingasleadership.org/sites/default/files/Related-Readings/LT_2011.pdf

Timmerman, M. B. (2011). *TFA: A corporate approach*. Harvard Crimson. Retrieved from http://www.thecrimson.com/article/2011/9/29/tfa-harvard-students-education/

United Nations. (2015). *The Millennium

Development Goals report. New York, NY: Author.

Vygotsky, L. S. (1978). *Mind and society: The development of higher psychological processes*. Cambridge, MA: Harvard University Press.

Vygotsky, L. S. (1987). *The collected works of L. S. Vygotsky*. New York, NY: Plenum Press.

제5장 교원노조는 여전히 필요한가?

아디티 아디카리, 제이슨 브라운, 어맨다 클론스키

이 장에서는 아직도 교원노조가 필요한가라는 문제를 깊이 있게 고찰해보려고 한다. 이것은 카트만두에서 시카고에 이르는 국제적인 맥락에서 교원노조가 어떤 역할을 하고 있는지 조사하는 작업이 될 것이다. 사실 이 장은 하버드 교육대학원에서 동료 학생들이 제기한 다음의 질문, 즉 '교원노조는 여전히 필요한가?', '현재의 학교개혁 추진 과정에서 교원노조의 역할은 진보적인가 퇴행적인가?'에 대해 답을 제시하는 방식으로 집필되었다. 우리는 같은 교육학 전공 대학원생이지만 각자 살아오면서 접한 교원노조 경험은 전혀 달랐다. 아디티는 내전 중이던 네팔에서 성장했고, 내전 기간 동안 겪은 부패와 폭력으로 교원노조에 부정적인 관점을 갖게 되었다. 어맨다는 탈공업화된 시카고 중심지에서 교사와 노동조직가로 활동했던 가족들 속에 자랐고, 시카고 공립학교에서 사회복지사로 일한 경험을 가지고 있다. 제이슨은 노동권(right-to-work: 노조 가입 여부에 상관없이 일할 권리를 인정하는 미국의 제도를 말함—옮긴이)이 인정돼 교원노조가 없는 애리조나주에서 성장했지만, 지금은 워싱턴 DC에서 교사가 되어 노조원으로서 혜택을 누리고 있다.

교원노조 개관

이 글은 네팔, 미국, 북유럽 지역에 대한 사례연구로서 정부와 갈등 혹은 협력 관계에 있는 다양한 노조를 살펴보고 있다. 각각의 경우를 보면, 교원노조들은 아동과 교사의 교육 및 경제적 여건을 개선하기 위해 노력해 왔으며, 사회 전체의 경제 발전과 민주적 거버넌스에 기여해 왔다.

시카고에서는 공공부문 노조가 공격 받고 있는 미국 대도시의 맥락에서 갈등과 협력 관계를 동시에 목격할 것이다. 북유럽에서는 정부와 노조가 교육 체제 전체적 발전을 위해 협력할 때 어떤 일이 가능한지를 탐색해 본다. 네팔에서는 전후 개발도상국 상황에서 교원노조의 역할을 탐색할 것이다. 각각의 경우에서, 우리는 교원노조가 교사들에게 더 나은 노동 조건을 제공하고 학생들의 학습 여건을 개선하는 데뿐만 아니라 사회정의와 평등, 좀 더 강화된 민주주의를 위한 원동력이 될 수 있다는 것을 확인할 것이다.

미국

오늘날 미국의 노동조합 가입률은 약 10퍼센트에 지나지 않는다. 노조가 강할수록 중산층이 두터워지고 경제적 불평등이 완화되며 도시의 자립경제가 강건해진다는 증거가 있음에도, 이 같은 반노조 경향이 한때 노조의 아성이었던 주(州)들에 침투하고 있다.

> 1940-50년대 전체 노동자의 3분의 1이 노동조합에 가입하며 사상최고의 노조 가입률을 기록했던 것과는 달리, 오늘날 미국의 노조 가입률은 겨우 11.1퍼센트에 머물고 있다. 더구나 미국의 노조 가입자 수 감소는 빈부격차 증대와 비례 관계를 보이고 있다. 이러한 추세가 지속될 경우 미국의 가장 근면한 노동자들이 겪는 경제적 어려움은 한층 더 커질 것이다(Mishel & Schieder, 2016).

교사는 지금도 미국 노동계에서 노조 가입률이 가장 높은 직업부문 중 하나지만, 일부 도시에서는 전체 학령인구의 3분의 1을 가르치기도 하는 비노조 차터스쿨의 발흥을 포함한 많은 요인들로 교원노조마저 하향세를 보이고 있다. 다른 공공부문 노조와 마찬가지로 교원노조 역시 공공노조는 세금을 낭비하고 실력 없는 노동자를 보호한다고 주장하는 반대자들의 공격을 받고 있다. 미국교육협회(National Education Association, NEA)는 미국의 가장 큰 노동조합으로 회원이 300만 명에 이른다. 미국교사연맹(American Federation of Teachers, AFT)의 회원은 160만 명이며 전국에 분포한 지부도 3,000곳이 넘는다. 공립학교의 학생 수는 전반적으로 감소 추세를 보이고 있는데, 이런 현상은 사립으로 운영되는 차터스쿨이 늘고 있는 도시지역에서 특히 두드러진다. 시카고의 경우 차터스쿨 재직 교사들은 2만 명이 넘는 동료 교사들이 가입해 있는 시카고교원노조(CTU) 같은 지역 노조에 가입하는 것이 금지돼 있다. 차터스쿨교사협회(ACTS)라는 새로운 교원노조가 근래 형성돼 일부 차터스쿨에서 지부 결성에 성공하기도 했지만(Vevea, 2011), 차터스쿨 노조 결성은 실상 극도로 어렵고, 차터스쿨이 정말 공립학교인지 여부, 단결권을 보장하는 미국노동관계위원회(National Labor Relations Board, NLRB) 소관의 법을 적용받는 대상인지 여부를 두고 의견충돌을 빚고 있다.

　　미국의 교육제도를 들여다보면 교원노조가 경제 발전을 부양하고 교사뿐만 아니라 학생에게도 더 보탬이 되도록 공교육 제도를 강화한다는 증거를 확인할 수 있다. 소위 '노동권(right-to-work)' 인정 주(州)를 예로 들어 보자. 애리조나, 플로리다, 미시시피 등에서는 노동권 도입으로 사실상 교사들의 노조 가입이 불법화되었다. 이들 지역은 대체로 빈곤율이 매우 높고, 소속 학구의 재정 형편이 열악하며, 학생들의 성취도 또한 최저 수준을 보인다(Education Week Research Center, 2016). 미시시피 소재 학교들은 국가교육성취도평가(National

Assessment of Educational Progress, NAEP)에서 최하위 점수를 얻었고 학생 1인당 교육지원비 수준이 전국에서 두 번째로 낮다. 미국의 학생 빈곤율은 선진국 중 두 번째로 나쁜 수준이며, 미국에서 아동 빈곤율이 가장 높은 주가 바로 미시시피다. 미시시피주 아동의 35퍼센트 이상이 유엔아동기금(UNICEF)이 정의한 국제 빈곤선(貧困線) 이하에 해당된다(UNICEF, 2012). 한편 미시시피와는 대조적으로 매사추세츠 주에는 오래전부터 강력한 교원노조가 존재해 왔으며, 공교육 제도 역시 늘 전국에서 상위권에 꼽히고 있다. 물론 이러한 불평등은 노예제도에서 시작된 남부 지역의 뿌리 깊은 문제들에서 비롯된 것으로, 단지 노조의 존재 여부로만 설명할 수는 없다. 하지만 교원노조가 교육 불평등을 완화하고 교사들의 노동 여건과 함께 학생들의 학습 여건을 개선한다는 점은 명백하다.

  미국 최초의 교원노조인 시카고교사연맹(Chicago Teachers Federation)은 마거릿 헤일리(Margaret Haley)와 캐서린 고긴(Catherine Goggin)의 주도로 1897년에 결성되었다. 당시의 역사를 보면 헤일리가 갖고 있던 관점은 오늘날 시카고교원노조 지도자들과 크게 다르지 않았다(Goldstein, 2012). 세기의 전환기에 활동했던 몇몇 저명한 미국의 교육개혁가들은 도시 학교들이 안고 있는 문제를 여교사들의 문제, 즉 그들이 대학교육을 받지 못해 충분한 지성을 갖추지 못했고 따라서 교사로서 무능한 탓으로 돌렸다. 하지만 이들은 여성들의 대학교육 기회를 늘린다는 해법 대신, 교직 기준의 강화를 촉구했다. 반대로 헤일리는 여성 교육자들을 문제가 아닌 해결의 실마리로 보았고 학교를 운영하는 방식을 바꾸고자 했다. 즉, 예산을 늘리되 중앙집중식 통제보다는 지역사회와 긴밀하게 연계한 개별 교육자들의 자율성을 중시하는 방식을 대안으로 여겼다.

100여 년이 지났지만 이에 관한 난제와 논란은 그대로다. 공교육의 개선을 위해 공통핵심성취기준(Common Core Standards), 고부담 시험, 틀에 박힌 교육과정 등 표준화(standardization)를 강화할 것인가, 아니면 학생들을 위한 최선을 결정할 수 있는 권한을 교사와 학부모에게 줄 것인가? 수업 방식을 미리 각본처럼 만들어 교사들에게 배포할 것인가, 아니면 교사교육을 향상시키고 교사 초임 수준을 높이는 방식으로 교직의 사회적 위상을 높이기 위해 노력할 것인가?

2011년 6월, 당시 일리노이 주지사 패트릭 퀸은 조합원 동의율이 75퍼센트 미만일 경우 교원노조의 파업 결행을 금하는 상원법안(SB7)에 서명했다. 법안을 발의한 의원들은 이처럼 유례없는 수준의 동의율은 실현 불가능하리라 보았다. 즉, 그들은 일리노이주에서 교사 파업은 불법 혹은 불가능하게 만듦으로써 시카고교원노조를 무력화시켰다고 생각했다.

사설 로비단체인 '스탠드 포 칠드런(Stand For Children)'이 법안을 위한 로비에 필요한 자금을 댔다. 이 조직의 책임자인 조나 에델먼(Jonah Edelman)이 아스펜연구소에서 자신이 노조의 파업 능력을 무력화시켰다고 떠벌리는 모습이 영상에 찍혔다(McQueary, 2011). 이 영상은 노사협상이 진행되는 동안 입소문을 타고 퍼져 나갔다. 시카고교원노조는 이 사안을 조합원들에게 알렸고, 파업 승인에 필요한 압도적인 찬성표를 얻었다. 150개 학교에서 교사 지도자들이 조합원 투표를 실시했는데, 각 학교에서 75퍼센트가 훌쩍 넘는 교사들이 교섭에 실패할 경우 파업에 돌입한다는 데 찬성했다.

상원법안 7호에서 시카고교원노조는 급여와 복리후생 사안에 한해서만 조합원, 즉 2만 6,000명의 시카고 교사들을 법적으로 대표할 수 있었다. 학급 규모, 노동 조건, 그 외 노동정의 관련 사안을 두고 협상하는 것은 불가능했다. 그럼에도 노조는 결국 파업에 나섰고, 임금과는 무관한 쟁점들을 전면에 내세웠다.

시카고교원노조는 2011년 11월부터 시카고교육위원회와 협상을 벌여왔고, 그때 이미 일 년이 넘도록 대화를 진행한 상태였으나 별다른 진전을 보지 못하다가, 결국 2012년 9월 10일 파업에 돌입했다. 2만 6,000명의 조합원들은 각자의 학교 앞에서 피켓 시위를 한 뒤 시카고 교육청 본관 앞으로 행진했다. 이는 수십 년간 시카고에서 있었던 최대 규모의 노동자 시위 중 하나였다. 상원법안 7호의 규정에도 불구하고, 협상 테이블에 올라온 주된 쟁점은 복리후생, 고용안정, 교사 평가, 학급 규모에 관한 것이었다. 주목할 만한 것은 언론에도 포착된 대중의 강력한 파업 지지 분위기였다. 특히 시카고 공립학교 학부모들은 휴교로 인한 불편과 혼란에도 교사들의 파업을 적극 지지했다. 이러한 대중의 지지는 두말할 나위 없이 협상 과정에서 노조 편에 힘을 실어주었다(Associated Press, 2012).

찌는 듯 무더운 시카고 노상에서 근 2주에 걸쳐 피켓 시위를 벌인 뒤에야, 마침내 협상이 타결되었다. 노조 협상 팀은 잠정 협약서를 대의원들에게 전달했고, 대의원들은 그 내용을 조합원들과 공유했다. 노조 지도부는 시장과의 비공개 면담을 보장할 테니 파업을 그만 정리하라는 시의 압박에 저항했다. 오히려 교사들은 파업 마지막 날 시 전역의 닫힌 학교 건물 앞에 접이의자를 무더기로 펴 놓고 앉아 수백 쪽에 이르는 협약서를 읽고 토론하는 시간을 가졌다. 이 과정은 대의원 총회가 협약을 승인하고 파업을 끝내야 할 것인지 여부를 결정하는 일에 모든 교사가 참여한, 아주 이례적인 민주주의 실천 사례였다.

결국 시카고 교육청은 파업에 굴복해 학급당 인원을 45명까지 늘리겠다던 애초의 계획을 폐기하고 기존의 학급 규모 상한선을 유지하기로 했다. 학생들의 표준화시험 점수만을 근거로 교사 평가를 실시한다는 계획도 백지화되었다. 교육청은 또 실내온도가 위험한 수준으로 올라가는 모든 교실에 에어컨을 설치하기로 약속했다. 타협이 이루어졌다. 노조는 2012년 9월 18일 파업 중단 여부에 관한 투표를 실시했고, 이튿날 학생들은 교실로 돌아왔다.

그때 이후로 시카고교원노조는 큰 문제들에 직면해왔다. 2013년 교육위원회는 대부분 저소득층 유색인종 주민들이 거주하는 지역에서만 무려 49곳의 근린학교(neighborhood public school, 해당 지역에 거주하는 학령기 아동은 누구나 무료로 다닐 수 있는 공립학교―옮긴이)를 폐쇄했다. 공화당 소속의 일리노이 주지사 브루스 라우너는 주정부의 재정지원을 받는 대가로 노동조합권을 예전 상태로 원상복구하기를 요구하며 주 예산안 서명을 거부했다. 이 여파로 시카고 교사들은 일련의 정리해고 물결을 맞게 되었고, 2016년 여름이 끝날 무렵 교육위원회는 500명의 교사와 500명의 수업 보조 인력 및 기타 직원을 포함한 교육청 직원 1,000명을 해고했다.

시카고교원노조는 조직 자체의 생존이 걸린 투쟁에 직면해 있음에도, 급여와 고용보호 같은 현실적 쟁점에만 매이지 않고 다양한 안건에 대한 행동을 지속적으로 조직해내고 있다. 노조는 경찰 폭력에 저항하는 시위, 공중보건·정신건강·일자리 프로그램에 대한 예산 삭감에 반대하는 시위를 지원하는 등, 시카고 지역의 사회정의를 위한 운동에 활발히 참여하고 있다. 시카고교원노조는 학교 내 경찰력 증원에 반대하는 입장을 취해왔으며, 흑인 청소년들에 대한 경찰의 과잉대응 종식을 촉구해왔다. 노조는 시카고에서 진보적 정치의 한 세력이 되었다. 시카고 시장 선거에 출마한 특정 후보자들과 그 외 선출직에 출마한 친노동 후보자들을 지지하고 후원을 조직해왔다.

시카고교원노조는 공립학교뿐만 아니라 시 전체 차원에서도 사회적 평등을 추구하는 엔진 역할을 해왔다. 이런 의미에서 시카고교원노조는 미국 노동운동이 어떻게 거듭나야 할 것인가를 보여주는 모범 사례라고 할 수 있다. 그들은 노조가 단순한 경제 투쟁을 넘어설 때, 그리고 정의를 위한 운동에 더 폭넓게 연대할 때 어떤 일이 가능한가를 보여주었다.

북유럽

북유럽 국가들의 교육제도는 보통 수준 높고 포용적이며 공평하다고 인식된다. 이러한 평판은 부분적으로 인종, 사회경제적 지위, 소수집단 해당 여부에 상관없이 누구나 이용할 수 있는 공공재가 세금과 정부 지원으로 제공되는 강력한 복지국가의 이념에서 비롯된 것이다. 교직은 이들 사회에서 널리 존경받는 직업으로, 노르웨이와 핀란드에서는 연구 과정을 필수로 포함한 석사학위를 취득해야 교직에 지원할 수 있다. 이들 나라에서 교직의 전문화가 진전될 수 있었던 것은 주로 교원노조들 간의 강력한 네트워크에 기인한다고 할 수 있다.

모든 북유럽 국가들에서 교사의 실제 수업시간(contact hour)은 OECD 평균을 밑돌지만 교사들의 보수는 OECD 평균 수준을 맴도는데, 이는 강한 교원노조가 거둔 개가로 여겨지고 있다(OECD, 2015). 미국에서 노조가 맡는 역할과는 대조적으로, 북유럽의 교육 영역에서 노동조합이 힘과 비중을 갖게 된 것은 단지 현실적인 사안을 통해서만이 아니다. 일각에서는 이들 소위 '사회주의 유모국가'들에 악평을 내놓기도 하지만, 스칸디나비아 국가들은 형평성과 품질에 입각한 교육제도를 자랑한다. 노르웨이와 핀란드 교원노조들은 교직을 승격시키고 시민들 간의 공평성을 증진시키는 데 힘을 쏟는다. 사회참여적인 이들 노조는 자국 정부와 긴밀하게 협력하며 교사들이 협상 테이블에서 영향력을 발휘하고 사회변화를 선도하는 역할을 맡을 수 있도록 하고 있다.

노르웨이 교사들의 약 90퍼센트는 자국 최대 노조인 노르웨이교육노조(Union of Education Norway, Utdanningsforbundet)에 가입되어 있다(2016년 3월 15일 B. E. 아슬리드[2]와의 개인면담). 이들은 모든 교직원이 결집해야 할 필요성을 강조하며, 학교 행정직원들도 조합에 가입할 것을 권유한다. 교사 양성과정에 있는 학생들을 위한 자율적인 특별지부도 두고 있는데, 이들은 학생들의 목소리를 반영하기 위해 노조 집행위원으로 참여할 수 있는 자격도 갖는다. 노르웨이교육노조와 그 학생지부의 최우선적인 역할은 정부와 긴밀히 협력해 교직을 승격시키고 노르웨이의 모든 학생을 위해 수업의 질을 향상시키는 일이다.

노르웨이는 노조의 전폭적인 지지 하에 교사교육 프로그램을 전면적으로 개편하는 작업을 추진하고 있다. 노르웨이는 OECD의 국제학업성취도평가(PISA) 결과에서 받은 충격과 그저 그런 수준에 머물고 있는 교사의 질에 대한 고심 끝에, 노조와 정부가 교사양성교육을 직접 맡아 예비교사들을 더 충실히 교육시킬 준비를 갖췄다. 주로 이론적인 수업에 치우친 종래의 4년제 과정을 연구기반 교육 중심의 5년제로 전환한 것은 큰 변화지만, 거의 모든 사람이 이 같은 엄정함의 강화를 긍정적으로 본다. 노조와 정부 간 이견을 빚는 부분은 어떤 교과목들로 학위 과정을 구성할 것인가다. 교육부는 연장된 학위 기간의 대부분을 교과 교수법 수업에 투자해야 한다고 요지부동으로 버티고 있다.

[2] 비외르그 에바 아슬리드(Bjørg Eva Aaslid). 노르웨이교육노조 수석 고문—옮긴이

반면, 노조는 교과내용과 일반 교육학을 동일한 비중으로 다루는 균형 잡힌 교육과정을 요구하고 있다.

노조와 정부 사이에 정책적인 이견은 늘 있기 마련이지만, 노르웨이교육노조와 정부의 관계가 이례적인 것은 양자 간에 이루어지는 대화의 양에 있다. 노조와 정부 사이에 공개 토론이 마련되면, 타협안을 모색해 양측이 모두 만족하는 해결책에 도달할 수 있다. 노르웨이 노조의 한 간부는 이렇게 썼다. "교육은 국가에 그 무엇보다 중요한 사안이며 교사는 학생들의 학습을 좌우하는 가장 중요한 변인이라는 공감대가 형성돼 있다. 교육에 관한 쟁점들이 공공의 의제로 곧잘 설정되는 것도 그 때문이다."(Bascia & Osmond, 2013)

핀란드에서도 노조와 정부 간 협력에 적잖은 비중을 부여한다. 실제로, 핀란드는 양자 간 동반 관계가 가장 탄탄한 나라 중 하나로, 이 나라가 대단히 존경받는 교사 인력을 갖춘 최고의 교육 선진국으로 부상하게 된 이유도 이로써 설명될 수 있다.

핀란드는 유아교육기관에서 대학 수준에 이르는 모든 교육기관 교사의 무려 95퍼센트 이상이 가입된 교원노조를 두고 있다(Trade Union of Education in Finland - OAJ, n.d.). 핵심 교원노조인 핀란드교육노조는 아카바(Akava)로 알려진 학술 직종 노조연합의 일원이다. 이 상위 조직에는 존경받는 다른 전문직 회원 조직들, 예컨대 핀란드의사협회, 기술자노조, 핀란드변호사협회 등이 포함돼 있다. 거의 모든 핀란드 교사들이 이 비정치적 전문기구에 자발적으로 가입해 있다는 점은 그리 놀랄 일이 아니다. 교사들이 다른 존경받는 전문직 종사자들과 동일한 조직으로 대표된다는 것은 다소 수수한 그들의 업에 위신을 더해주기 때문이다.

아카바의 지원을 받는 교원노조는 정부 및 학교체제와 함께 삼자관계를 구성한다. 이들 세 부문 중 어느 한쪽도 전체 이해당사자들 간의 합의 없이 정책을 추진하거나 개혁을 단행할 수 없다. 핀란드교육노조와 교육문화부가 이룩한 한 가지 주요 공로는 교직의 전면적 개편이었다. 노르웨이와 마찬가지로 핀란드 교사들 역시 사회적으로 인정받고 정부로부터 신뢰와 자율성을 부여받고 있다. 학급 규모는 여러 해에 걸쳐 축소되었고, 교사 선발 과정은 한층 엄격해졌다. 지난 수십 년 동안 이루어진 이러한 개혁은 교원노조의 전폭적인 지지와 단체교섭 과정을 통해 입법화되었다.

물론 강한 교원노조가 최근에 핀란드 교육이 거둔 성공의 유일한 이유는 아니다. 그러나 핀란드 교육의 여러 본보기가 될 만한 특징들은 교직을 승격시키고 정부와 긴밀히 협력하기 위해 기울인 노조의 노력과 밀접한 관련이 있다. 세계 많은 지역에서 통상 적대적이기 마련인 이들 양자 간 정치적 알력이 상존하는 와중에도, 핀란드의 전 교육부장관이 한 다음의 발언은 깊이 음미해 볼 만하다. "교원노조는 우리와 같은 목표를 갖고 있어 우리의 주요 동반자로 활약해 왔다. … 그들은 지금도 우리에게 매우 훌륭한 동반자이다"(Snider, 2011).

노르웨이와 핀란드의 전국 교원노조, 또는 보다 적절한 명칭인 교사협회는 노조와 정부 간의 기능적 협력이 어떠해야 하는가를 보여주는 좋은 사례이다. 노르웨이와 핀란드 정부는 교원노조를 공교육제도 강화를 위해 공동의 노력을 기울이는 동반자로 보고 있다. 여전히 이견과 갈등은 없지 않지만, 이 같은 실천적 관계를 통해 정책에 관한 의미 있는 타협과 교직의 개선, 그리고 교육과 사회 전반의 평등성 신장이 이루어지고 있다.

네팔

네팔의 교육 불평등은 역사적으로 뿌리 깊다. 1951년 이전까지 네팔을 지배했던 라나(Rana) 과두정권은 교육이 그들의 권력에 위협이 된다고 여겼다. 이후 네팔은 1990년과 2006년 두 차례의 정치혁명을 거쳤고, 현재는 네팔연방민주공화국으로 확립돼 있다. 1996년과 2006년 사이의 내전으로 인해 이전에 있었던 교육적 기반은 심하게 파괴되었다. 이 기간 동안 무수한 교사들이 마오쩌둥주의 공산반군과 정부군에 의해 피살당했다.

내전 이후 네팔 교육은 큰 보폭으로 성장했다. 네팔의 문해율은 회계연도 기준 1995-1996년에 55.5퍼센트였지만, 2011-2012년에는 84.7퍼센트로 증가했다(UNESCO, 2015). 이러한 진전에도 불구하고, 교육제도 접근성의 불평등은 여전히 격심한 상태로 남아있다. 성별, 카스트제도 상의 신분, 사회계층 차이에 따라 취학 및 졸업률 격차가 벌어지는 탓이다. 그 결과 2014년을 예로 들면, 사립학교 학생들은 10학년 말 졸업자격 시험에서 90.2퍼센트가 통과했지만, 공립학교 학생들의 통과율은 39.8퍼센트에 그쳤다(Government of Nepal, 2015). 공교육 민영화도 증가일로에 있어, 2005년에는 7퍼센트 이내였던 사립학교 입학률이 2013년에는 16퍼센트까지 다다랐다. 2011년 자료에 따르면(Bhatta, 2014), 대부분의 사립학교는 영리 추구가 허용되는 회사로 등록되어 있다.

네팔의 교원노조 운동은 1980년 네팔전국교사협회(Nepal National Teachers Association, NNTA)의 출범과 함께 시작되었다. 협회는 교사들에게 다른 공무원에 필적하는 복리후생 혜택을 제공하는 것을 목표로 삼았다. NNTA 창립 대표였던 바드리 프라사드 카티와다(Badri Prasad Khatiwada)에 따르면, 협회는 어떤 정당에도 소속돼 있지 않았다(Biswakarma, 2008). 실제로 교원노조는 당시 집권했던 군주 정부가 정당 활동을 금지하고 있었을 때도 합법적인 헌법적 실체로서 활동할 수 있었다.

    NNTA는 1990년 민주화운동에 참여했다. 국내에 민주주의가 실현되지 않고서는 교사의 권리는 늘 제약을 당할 수밖에 없을 것이라는 노조 소속 교사들의 판단에서였다(2016년 8월 11일 틸라크 쿤와르 (Tilak Kunwar)[3]와의 개인면담). 1990년 4월 다당제 민주주의가 복구되고, NNTA가 통합마르크스레닌주의 네팔공산당(CPN-UML)에 가입했다는 혐의가 제기되며 많은 조합원들이 탈퇴하는 사건이 벌어졌다. 1990년 6월에는 네팔의회당(Nepali Congress, 네팔의 사회민주주의 정당—옮긴이)이 의회당 지지 교사가 전원 한자리에 모이는 대회를 소집했다. 네팔교사협회(Nepal Teachers Association)가 그렇게 탄생했다. 그에 뒤이어 다른 교원노조들도 다른 주요 정당들과 연계해 결성되었다.

    정당들은 당사 안에 교원노조 사무실을 제공하며 교사들의 정치 참여를 독려했다. 정부가 교원노조에 별다른 관심을 보이지 않는 와중에, 교사들은 정당들이 제공하는 안전감에 든든함을 느낄 수 있었다. 네팔의 교원노조 운동은 이처럼 정당 노선에 따라 분열된 상태로 성장했고, 이로 인해 독자적인 전문직 노조로서의 활동에는 한계가 있을 수밖에 없었다.

    2001년 통과된 네팔교육법(1971년 제정) 제7차 개정안은 교사

---

3   네팔 교원노조의 상위 조직인 네팔교사연합(Confederation of Nepalese Teachers, CNT 또는 Nepal Teachers Federation, NTF)의 사무국장—옮긴이

들이 각자 자신의 권리와 복지를 보호할 목적으로 교원노조에 가입할 수 있는 권리를 보장했다(Bista, 2006). 그 후 오래지 않아 여러 교원노조들이 하나의 통합 노조를 만들기 위한 운동을 전개했다. 교원노조들은 정당 노선에 구애받지 않고 활동을 펼치긴 했으나, 통합 운동 역시 정치 이념에 따른 분열을 완전히 저지하지는 못했다. 그 결과 세 개의 상부 조직이 탄생했다.

  2006년 평화협정 체결 이후 주류 정치에 입성한 마오쩌둥주의 네팔공산당(CPN-M)마저 2014년까지 두 차례나 연립내각을 이끌었다. 노조 운동에 몸담은 교사들은 어떤 정당이 권력을 잡든 교사의 지위 향상에 관한 한 진전이라 할 만한 것은 전혀 없다고 느끼기 시작했다. 2014년 세 개의 상부 조직에 속한 교사들은 협의를 통해 정당 이념에 따라 분열되어 있을 필요가 없다는 결론에 이르렀으며, 세력을 뭉치기 시작했다. 그해 9월, 교사들은 네팔 전역에 임시 계약직으로 고용돼 있던 5만여 명의 교사들에게 정규직과 같은 수준의 급여와 복리후생, 퇴직 프로그램을 적용할 것을 요구하는 시위를 시작했다("Temp teachers want equal pay", 2014). 시위의 일환으로 교사들은 전국 75개 행정구역의 모든 교육청뿐 아니라 교육부 회계국 사무실까지 폐쇄시켰다. 그 결과 2015년 7월, 교육부와 교사인사위원회는 임시직 교사들에게 일단의 장려정책을 제시했다. 즉, 이전에 아무런 퇴직 수당을 받지 못했던 교사들에게 일정 수준의 퇴직금을 지급할 것과 정규직 교사 채용 시 이들을 우선적으로 고려할 것을 약속한 것이다. 교사의 지위를 한 단계 끌어올린 이러한 승리는 교원노조가 없었다면 불가능했을 것이다.

  2015년 2월에는 세 개의 교원노조 연합체제가 해체되고, 네팔교사연맹(Confederation of Nepalese Teachers, CNT)이 "권리와 책임을 위한 교사 단결"이라는 표어 아래 16개 교원노조의 상부 조직으로 설립되었다(Confederation of Nepalese Teachers, 2015). CNT는 이처럼 통합된 운동을 통해 앞으로도 교사들의 권리 신장과 교육 변화를 위한 정부와의 협력 노력을 지속적으로 전개해 나갈 것이다. CNT의 사무국장 틸라크 쿤와르는 "1980년부터 2014년까지 우리는 노조의 권리에만 집중했을 뿐 교사로서의 책임에 대해서는 그러지 못했다."면서 "우리가 학생들의 미래와 교육개혁을 위해 목소리를 높인다면 학생과 학부모 역시 우리의 권리를 위한 투쟁에 지지를 보낼 것이다."라고 말했다(2016년 8월 11일 틸라크 쿤와르와의 개인면담).

현재 CNT는 어떤 개혁 프로그램도 교사들이 그것을 잘 알고 함께 할 준비가 되어 있으며 충분히 동기화되어 있지 않는 한 효과를 거두지 못할 것이라는 확고한 신념하에, 새로운 교육개혁 방안들을 수립하는 과정에서 교사들이 활약할 기회를 확보하기 위해 투쟁 중이다. CNT는 정부가 2016년부터 2023년까지 추진할 새로운 교육계획인 '학교 분야 개발 계획(School Sector Development Plan)'에 관한 전국대회와 두 번의 지역총회를 조직했다. 이뿐 아니라 CNT는 정부가 추진할 교육계획에 영향을 미칠 UN의 지속가능발전목표(SDGs) 네 번째 항목 "수준 높은 교육"에 포함된 목표들에 관한 인식을 퍼뜨리기 위해 75개 행정구역 전체에 교사 지도자들을 파견하기도 했다.

CNT의 행동강령은 개별 교사들이 자신이 속한 교사조직보다도 교육 자체와 전체 교사들의 필요를 앞세워야 한다고 규정하고 있지만, CNT는 교원노조의 상부 조직이고, 그 산하의 교원노조들은 대부분 여전히 특정 정당에 소속되어 있으며, 교사들은 개인적으로 CNT 조합원으로 가입할 수 없는 것이 현실이다. CNT가 언젠가는 정치적으로 완전히 자유로운 조직들만으로 구성될 수 있겠느냐는 질문에 쿤와르 사무국장은 "아마도 언젠가는 우리가 공동의 목표를 수립하고, 서로 다른 정당 깃발을 들어 올리는 것을 거부할 날이 올 수도 있을 것이다. 그렇게 되면 현재의 단위 노조들을 해체하고 CNT가 개인 조합원들로 구성되는 조직이 될 수도 있을 것이다."라고 말했다(2016년 8월 11일 틸라크 쿤와르와의 개인면담).

네팔은 1997년 이래 지방선거를 실시하지 않았다. 한 세대 전체의 지역 지도자들이 한 번도 선거전을 치러본 적이 없으며, 학교는 그들이 정치에 참여할 수 있는 몇 안 되는 공공기관 중 하나다. 네팔이 지방선거를 정기적으로 실시하는 좀 더 안정된 민주주의로 발전할 때에야, 네팔 교원노조들은 교육의 형평성과 교사의 근무 여건 향상을 위한 상호 연대를 지속적으로 확대해 나갈 수 있을 것이다. 네팔의 공교육제도는 이를 통해 한 걸음 더 앞으로 나가게 될 것이다.

결론

미국과 북유럽, 네팔에서 교사 노동자들이 처한 맥락과 여건들은 매우 다르지만, 피고용자인 교사의 권리를 옹호하고 교육제도를 개선하기 위한 노력을 전개하기 위해 교원노조가 여전히 필요하다는 점은 명백하다. 영향력을 갖춘 교원노조나 전문직 협회들은 자신들이 속해 있는 교육제도의 변화하는 요구와 함께 진화할 수밖에 없으며, 또 전 지구적 차원의 상호 교류를 통해 그 개선 모델을 찾아야 할 것이다. 확실히 세계 여러 나라의 교원노조는 변화를 요하고 있다(Tucker, 2012). 캐나다의 앨버타주교사협회, 스웨덴교원노조, 호주교원노조는 교직을 보호하는 일뿐만 아니라 교육 발전 전체를 그들의 핵심 사명으로 인식하고 있는, 현대적이고 전문적인 노조의 모범사례들이다. PISA 시험에서 높은 성적을 거두는 등 높은 성과를 올리는 학교제도들은 자율적으로 운영되는 강력하고도 제도화된 교원노조를 두고 있으며, 정부 역시 이들을 주요 역할 수행자이자 협력적 동반자로까지 받아들이고 있다. 교육제도를 개선할 방도를 찾기 위해서는 교원노조를 격하하거나 억압하고 심지어 제거하려 하는 대신, 오히려 그들의 힘을 키우는 일에 주력해야 할 것이다.

참고문헌

American Federation of Teachers (AFT). (n.d.). *About us*. Retrieved from http://www.aft.org/about#sthash.0GMKZOge.dpuf

Associated Press. (2012). Parents support Chicago teachers but for how long? *Fox News Politics*. September 11. Retrieved from http://www.foxnews.com/politics/2012/09/11/chicago-parents-scramble-to-find-safe-place-for-students-as-teacher-strike.html

Bascia, N., & Osmond, P. (2013). *Teacher union-governmental relations in the context of educational reform*, p. 14. Retrieved from http://download.ei-ie.org/Docs/WebDepot/Teacher_Union_Study.pdf

Bhatta, S. D. (2014). Nepal private sector engagement in school education [PowerPoint presentation]. Retrieved from https://olc.worldbank.org/sites/default/files/Session%203.pdf

Bista, M. B. (2006). *Status of female teachers in Nepal. Kathmandu*, Nepal: United Nations Educational, Scientific and Cultural Organization.

Biswakarma, B. (2008). *Sikshak Rajniti: Daliya Rajniti bata Mukta Hunai Parchha* [Teacher politics: must be free from party politics]. Sikshak Masik, 03, 12-13.

UNESCO. (2015). Education for All: National Review Report, *2001.2015*. Retrieved from http://unesdoc.unesco.org/images/0023/002327/232769E.pdf

Confederation of Nepalese Teachers. (2015). *Code of conduct*.

Education Week Research Center. (2016, January 7). Measuring up: Latest scorecard puts states, nation to the test. *Education Week*. Retrieved from http://www.edweek.org/ew/articles/2016/01/07/2016-education-rankings-put-states-nation-to-the-test.html

Goldstein, D. (2012). *The Chicago strike and the history of American teachers' unions*. September 12. Retrieved from http://www.danagoldstein.com/2012/09/the-chicago-strike-and-the-history-of-american-teachers-unions.html

Government of Nepal. (2015). *Nepal education in figures 2015 at-a-glance*. Kathmandu: Ministry of Education.

McQueary, K. (2011). Education group tries to rebound after diatribe. *New York Times*. December 2. Retrieved from http://www.nytimes.com/2011/12/02/us/education-group-tries-to-rebound-after-diatribe.html

Mishel, L., & Schieder, J. (2016). As union membership has fallen, the top 10 percent have been getting a larger share of income. *Economic Policy Institute*. May 24. Retrieved from http://www.epi.org/publication/as-union-membership-has-fallen-the-top-10-percent-have-been-getting-a-larger-share-of-income

National Education Association (NEA). (n.d.). *About*. Retrieved from http://www.nea.org/home/2580.htm

OECD. (2015). *Education at a glance 2015: OECD indicators*. OECD Publishing. Retrieved from http://dx.doi.org/10.1787/eag-2015-en

Snider, J. (2011, March 16). *The Hechinger report: An interview with Henna Virkkunen, Finland's minister of education*. Retrieved from http://hechingerreport.org/an-interview-with-henna-virkkunen-finlands-minister-of-education/

Temp teachers want equal pay. (2014). *Kathmandu Post*. Retrieved from http://kathmandupost.ekantipur.com/news/2014-09-24/temp-teachers-want-equal-pay.html

Trade Union of Education in Finland.OAJ. (n.d.). Retrieved from http://www.oaj.fi/cs/oaj/trade%20union%20of%20education%20in%20finland

Tucker, M. (2012). A different role for teachers' unions. *Education Next, 12*(1). Retrieved from http://educationnext.org/a-different-role-for-teachers-unions/

UNICEF. (2012). *Measuring child poverty: New league tables of child poverty in the world's richest countries*. Florence, Italy: UNICEF Office of Research Innocenti.

Vevea, R. (2011). Unions move in at Chicago charter schools, and resistance is swift. *American Federation of Teachers*. Retrieved from http://www.aftacts.org/charter-news/152-unions-move-in-at-chicago-charter-schools-and-resistance-is-swift

제6장

학교가 기술을 도입하면 더 똑똑해질 수 있는가?

추 첸, 리마 수라야, 콜야 볼레벤

"또 지각인가?" 싶어서 시계를 불러낸다. 오른쪽 콘택트렌즈에 파란빛의 글자가 뜬다. 오전 8시 45분. 첫 수업까지는 아직 시간이 충분하다. 이제 막 봄이 시작된 때라서 오늘은 걷기로 했다. 가벼운 아침운동은 하루 일과에 집중하는 데 도움이 된다. 음악을 듣느라고 친구 제이미가 길 건너편에서 부르는 소리를 듣지 못했더니 그가 달려와 인사를 건넨다. 제이미와 함께 수학숙제에 관해 의논하고 샌드위치를 나누어 먹으면서 학교까지 걷는다. 수학은 내가 가장 잘하는 과목이다. 클래스위즈(ClassWhizz) 시스템이 어제 아버지에게 다음과 같은 메시지를 보냈다. '학생의 계정으로 15 에듀코인이 지급됩니다. 무척 갖고 싶어서 인터넷으로 검색했었던 신발을 사주시면 좋아할 거예요.' 이에 반해 제이미는 선천적으로 수학 체질이 아니었다. 그는 에듀코인을 단 한 개도 받지 못했고, 일찌감치 수학공부를 포기했다. 클래스위즈 시스템은 이 점을 곧바로 부모님에게 알렸다. 제이미는 시스템을 통해 여러 번 경고를 받았지만, 분수 문제를 겨우 10분 정도 풀고 나서 클래스위즈 고글을 벗어던진 채 자기가 읽고 싶은 책을 읽기 시작했다. 그의 부모님은 이를 달가워하지 않았고, 제이미에게 네가 계속 그렇게 농땡이를 부리다가는 성적 때문에 네가 바라는 공학공부를 못하게 될 거라고 말씀하셨다. 현재 제이미의 스킬 포인트(게임 등에서 레벨이 올라갈 때마다 받는 점수—옮긴이)는 겨우 하위 7퍼센트에 머무르는 수준이다. 그는 남은 학교생활 7년 동안 소설책을 마음껏 읽을 여력이 없는데, 만약 그랬다가는 행동발달 영역에서 낙제점을 면치 못하게 될 것이다.

  이제 학교에 다 와서 교실로 들어간다. 나는 클래스위즈의 최신 보고서를 읽고 계신 칸(Khan) 선생님에게 가볍게 인사했다. 오늘 기분이 별로 좋아 보이지 않으신다. 시작종이 울리자 곧바로 이유를 알 수 있었다. 아마도 몇몇 아이들이 제이미와 비슷한 행동을 보인 모양이다.

그 애들은 고글을 벗어던지고 그림을 그리거나 색칠을 하거나 책을 읽거나 음악을 듣거나 밖에 나가 공놀이를 했다. 칸 선생님은 교직 경력이 긴 베테랑 교사여서 처음부터 클래스위즈를 이용하지는 않으셨는데, 그게 티가 난다. 기계를 잘 다룰 줄 모르셔서가 아니라 위즈 보고서를 근거로 학생들을 꾸짖을 때는 별로 진지해 보이지 않기 때문이다. 나는 고글을 조절하면서 칸 선생님이 35년 전 교직에 발을 들여놓을 당시의 학교는 어떤 모습이었을까 상상해 본다. 스크린이 켜지자 귀에 익은 차분한 여성의 음성이 들린다.

안녕하세요! 2051년 4월 23일 오전 9시 5분입니다. 셔츠에 묻은 부스러기를 보니 아침식사를 방금 끝낸 모양이군요. 하루 중 이 시간의 평소 신경세포 활동에 맞추어 지금부터 20분 동안 몇 가지 새로운 미적분 문제를 공부하고자 합니다. 정상적인 혈압 곡선이 유지될 정도의 가벼운 운동은 장기기억 향상에 도움이 된다고 하는데요. 이어서 산책을 한 뒤에 중국어 단어 공부를 해보면 어떨까요? 이 학습 계획에 동의하면 "오케이 공부 시작"이라고 답하세요. 다른 것으로 바꾸고 싶으면 "계획 변경"이라고 답하세요. 그 경우 제가 조정 방법을 검토해 보겠습니다. 몇 분 안에 답하지 않으면 도우미가 직접 이 작업을 도와드릴 것입니다.

교육의 멋진 신세계

작가 또는 영화 제작자들이 그린 유토피아나 디스토피아의 세계가 많은 사람들이 생각하듯 실제 세계와 동떨어져 있지는 않다. 그들의 작품은 대개 현재 일어나고 있는 일을 바탕으로 추론한 것이며, 실현 가능한 미래를 그린 것이다. 앞에 등장한 주인공과 제이미, 칸 선생님, 클래스위즈 시스템의 세계는 그런 가능한 미래 중의 하나다. 이 장에서는 많은 긍정론자들이 예견하는 것처럼 기술이 언젠가 교육에서 바람직한 변화를 이끌어낼 것인지, 그렇게 되면 미래 교육의 트렌드는 어떻게 될 것인지 탐색해 보려고 한다. 이것은 세계 교육이 실제로 직면한 난제 중 하나이다. 기술과 그에 관한 생각이 다양하기 때문에, 다른 중요한 질문들도 계속해서 등장하고 있다. 예를 들면 이런 것들이다. '디지털 기기들은 우리의 지적 행동과 뇌의 생리를 바꿀 것인가? 만일 그렇다면 교사들이 보기에 그것은 어떤 의미이며 또 학교에서 하는 학습은 어떤 영향을 받게 될까? 기계가 사람보다 더 잘 가르칠 수 있을까? 과연 교육에 다른 무엇으로 대체할 수 없는 인간만의 고유한 요소가 있는가? 기계가 최적의 학습과제를 할당할 수 있다면 교사가 해야 할 일은 무엇인가?'

계속 이어지는 이 새로운 질문들을 살펴보면, 여기에 답하는 사람들이 스펙트럼의 양극으로 갈라지는 것을 발견하게 된다. 한쪽 끝에는 교실에 디지털 기술을 도입하지 말아야 한다는 사람들이 있다. 이 사람들은 디지털 기기를 사용할 경우 뇌의 여러 가지 기능이 손상되며, 수업은 결국 인간의 노력이 필요한 일이라고 주장하면서, 교육공학 옹호자들은 교육의 일차적인 요소가 무엇인지 그리고 특히 학생들이 어떻게 배우는지 전혀 모른다고 비판한다. 반대쪽에는 교육공학을 열광적으로 지지하며 인간의 학습을 무한정 진전시킬 수 있는 그 잠재력을 믿는 사람들이 있다. 이러한 입장을 가진 사람들은 여러 가지 디지털 기술에서 혁명적인 잠재력이 나온다고 보는 기업가 또는 기업가적인 생각을 가진 사람들이다. 그들은 디지털 기술을 통해 좀 더 효율적이면서도 재미있는 학습이 가능하다고 믿는다. 이 후자의 입장을 가진 사람들은 데이터 기반 교육, 즉 기계를 활용하여 학생들을 측정하고 이를 통해 수업이나 교육과정, 그리고 때로는 교사 평가에 필요한 정보를 얻는 교육 방식을 적극 옹호한다.

    이 글의 목표는 이러한 양극단을 벗어나 '학교가 기술을 도입하면 더 똑똑해질 수 있는가?'라는 난제 자체를 좀 더 깊이 알아보기 위한 것이다. 우리는 교육공학에 대한 호들갑이 수업에 대한 허상을 갖게 하고, 잘못된 정보에서 비롯된 것이며, 대개는 정당화될 수 없음을 밝힐 것이다. 아울러 사람들이 주장하는 교육혁명이라는 것이 대개는 실제 교육 전문가가 아닌, 나름의 식견과 자본을 가지고 이득을 보려는 컴퓨터 프로그래머나 상품 판매자 또는 벤처 사업가 같은 사람들이 옹호하는 온건한 개혁에 지나지 않는다는 점도 보여주려고 한다. 하지만 우리가 이 분야를 망라하는 포괄적인 관점을 제시할 수는 없다. 산더미처럼 많은 연구와 수천 갈래의 기술 발전을 일일이 검토하기에는 양과 종류가 너무 많기도 하거니와 다른 분들이 우리보다 더 잘할 것이기 때문이다. 이하에서는 교육공학에 관한 세계적 난제의 주요 내용과 관련해 우리의 관점을 세 개의 논제로 요약하여 논의하려고 한다.

디지털 기기의 남용

논제 1: 교실 안팎에서 학생들의 디지털 기기 사용을 적정 수준에서 통제하지 못하면 학생들은 중요한 인지 기능을 잃게 된다.

이 주장에 관한 첫 번째 브레인스토밍에서 우리는 모두 친구나 가족이 현재 사용하고 있는 전화번호를 단 몇 개씩밖에 기억하지 못하고, 심지어 우리 중 한 명은 자기 전화번호조차 모르고 있다는 사실을 깨달았다. 동료와 친구들에게 이 이야기를 꺼내보니 이런 상황이 우연이 아님을 알 수 있었다. 어린 시절부터 사용한 전화번호들은 여전히 기억하면서도 최근에 사용하게 된 번호는 거의 기억하지 못하는 사람이 많았다. 30세 이하의 사람들 중 3분의 1은 자기 전화번호도 제대로 기억하지 못했으며, 친구들의 전화번호를 말할 수 있는 사람은 거의 없었다(2016년 이언 로버트슨(Ian Robertson)[4]과의 개인면담). 물론 디지털 기술과 무관한 여러 가지 이유로 이러한 현상을 설명할 수도 있을 것이다. 수십 년 동안 같은 유선 전화번호를 사용하기도 하는 노인들에 비해 젊은 사람들은 전화번호를 더 자주 바꾸는 편이다. 하지만 우리는 별생각 없이 전화번호를 복사하여 전화기에 저장해 놓고 그것을 불러내어 쓰고 있다는 점을 인정하지 않을 수 없다. 달리 말하자면 디지털 기술이 기억을 해야 할 동기와 실제 기억을 하는 능력에 영향을 끼치고 있다는 것이다.

이러한 관찰은 디지털 기술의 남용이 갖는 문제에 대해 경고하고 있는 니콜라스 카(Nicholas Carr)와 같은 저자들의 생각과 일치

---

[4] 더블린 트리니티칼리지 심리학과 교수이자 트리니티칼리지 신경과학연구소 소장—옮긴이

한다. 카는 『생각하지 않는 사람들: 인터넷이 우리의 뇌 구조를 바꾸고 있다(The Shallows: What the Internet is Doing to Our Brains)』 (2010)라는 책에서 디지털 기술의 위험을 경고해 많은 주목을 받았다. 실제로 두뇌 역량 및 생리 기능과 관련해 일어나는 변화를 집중적으로 조명하고 있는 이런 주장들은 아마도 디지털 회의론자들이 볼 때 가장 설득력 있는 주장일 수 있다. 카는 ‹신경과학으로 본 인터넷 중독(The Neuroscience of Internet Addiction)›이라는 제목의 '빅 씽크(Big Think)' 강연에서 다음과 같이 말했다.

> 저는 로댕이 백여 년 전에 위대한 조각 작품 ‹생각하는 사람›을 만들 때, 동시에 여러 가지를 하기보다 사색하는 자세로 무언가에 깊이 골몰한 모습을 조각한 이유가 있다고 생각합니다. 어쨌거나 최근까지 사람들은 그런 모습이야말로 가장 깊이 있는, 인간다운 생각의 방식이라고 늘 생각해왔기 때문이죠. 그렇다고 해서 모든 사람이 어두컴컴한 방에 앉아 하루 종일 꼼짝 않고 대단한 사상을 구상해야 한다는 이야기는 아닙니다. 저는 사고의 방법에서도 균형 유지가 중요하다고 생각합니다. 그러나 실제로 사람들이 인터넷을 통해 하는 일들은, 대부분의 인터넷 옹호론자들이 완전히 숙달되어 있는 것처럼, 대충 읽기, 훑어보기, 동시에 여러 가지 작업하기 등에 지나지 않는 것으로 보입니다. 인터넷은 우리에게 좀 더 깊이 생각할 기회를 주지 않으며, 그런 방식으로 사고하도록 유도하지도 않습니다(Carr, 2011).

카나 그 밖의 다른 저자들이 기억 능력의 상실에 대한 우려를 제기하다가 새롭게 부딪친 문제는 최근에 대두된, 더는 암기 능력이 중요하지 않다는 믿음이었다. 모든 정보를 손끝 하나만으로도 얻을 수 있는데 우리가 왜 어떤 역사적 사건의 발생 일자를 외워야 하는가? 이 주장은 특히 교육분야에서 인기를 얻었다. 즉, '우리는 아이들에게 지식을 가르치는 대신, 비판적 사고나 문제해결력 같은 저 악명 높은 21세기 역량을 길러주어야 한다'는 주장이 그것이다. 단순한 사실들을 가르치는 일은 아주 낡은 교육 방식이 되어버렸고, 잔소리를 일삼았던 19세기 훈장 선생님을 떠올리게 한다. 그러나 우리는 사실적 지식을 가르치는 일에 대한 오늘날의 이 같은 멸시 풍조가 과도하며, 세계를 이해하기 위해서는 기억하는 기능이 매우 중요하다고 믿는다.

사실을 기억하는 것과 서로 관계없는 정보를 의미 없이 반복 암기하는 것은 같은 말이 아니다. 우리가 세계를 이해하고 나아가 인간으로서 발전해 나가기 위해서는 지식을 축적할 필요가 있다. 우리는 학생들이 기초 지식, 이른바 맥락이 없는 상태에서 교과내용이나 사건들에 관해 비판적으로 사고하기를 기대할 수 없다. 사실적 지식과 비판적 분석이 서로 반대라는 가정은 잘못이다. 지식 없는 분석은 전적으로 불가능하다.

학습과 이해를 기술적인 관점에서 볼 때 지식이 중요하다는 점은 분명하다. 그러나 안다는 것에는 근본적으로 더 중요한 무언가가 있는데, 그것은 바로 아름다움이다. 지식은 전적으로 기능적이지만은 않다. 당연한 이야기 같을지 몰라도, 교육공학을 열렬히 지지하는 사람들은 대체로 이 점을 잊고 있다.

열렬한 교육이론가이자 정보통신기술(IT) 과학자인 수가타 미트라(Sugata Mitra)는 "미래에는 기계가 번역을 해줄 텐데, 새로운 언어를 배울 필요가 있을까"라는 질문을 던진다(Matias, 2012). 하지만 설사 그러한 기계를 이용하는 것이 가능하다고 하더라도, 미트라 교수는 새로운 언어 습득이 갖는 힘과 아름다움을 간과하고 있다. 그것은 우리의 경계를 넓히고, 문화적 차이를 이해하며, 세계에 대한 시야를 키우는 일이다. 지식이 더는 쓸모없다고 믿는 미트라나 그 밖의 사람들은 의미 있는 지식을 습득하는 것이 가장 훌륭한 인간 경험 가운데 하나라는 점을 이해하지 못하고 있다.

디지털 매체를 남용하게 되면서 우리가 기억하는 정보는 부모 세대에 비해 훨씬 적어졌다. 그뿐만 아니라 정보를 다루는 방식도 더 가볍고 인위적이며, 또 그에 따른 영향이 오래 지속된다는 점이 확인되었다(Carr, 2010). 사실 자체를 암기하는 일이 시대에 뒤떨어진 것이고 따라서 교육적으로 큰 의미를 갖지 못한다는 일반적인 신념과 달리, 무언가를 안다는 것은 100년 전이나 지금이나 실질적으로 매우 중요하다. 사실을 많이 알면 알수록 더 쉽게 세계를 이해할 수 있고 비판적으로 생각할 수 있다. 결정적으로, 배우는 것과 이해하는 것은 너무나 멋진 일이라서 기계에 맡겨둘 수 없다.

디지털 기술의 딜레마
논제 2: 디지털 기술은 우리가 가진 일부 능력에 해로울 수 있지만 새로운 기술들이 언제나 그래왔듯 다른 능력을 단련시킬 수도 있다.

태양 아래 새로운 것은 없다는 말처럼, 통신기술의 과도한 사용이 인간의 뇌와 그 기능에 해롭다는 신념 또한 예외가 아니다. 기원전 400년경에 소크라테스는 이 문제를 다음과 같이 간명하게 표현하였다.

(…) 지식을 이런 방식으로 발견하게 되면 학습자들은 자신의

기억을 사용하지 않을 것이기 때문에 그들의 영혼 속에 건망증이 만들어져, 스스로 기억하려고 하기보다 외부에 기록된 문자에 의존하게 될 것이다. 학습자가 발견한 구체적인 사실은 기억보다는 회상을 돕게 된다(Plato, orig. date unknown, 1986).

물론 여기서 소크라테스가 지칭하는 것이 아이패드나 노트북, 클래스위즈 시스템은 아니다. 그가 이야기하고 있는 것은 문자 언어였다. 그의 우려는 두 가지였다. 첫째, 그는 생각을 종이 위에 기록하는 행위가 의미 없다고 믿었다. 훌륭한 철학자이자 교사라면 시시한 장난에 불과한 글쓰기를 말하기라는 생동감 넘치는 행위보다 수준 낮은 활동으로 간주할 게 분명하다고 그는 말했다. 둘째, 그는 문자 언어가 그것을 읽는 사람의 영혼 속에 건망증을 만들어낸다고 믿었다. 학생은 모름지기 읽기가 아니라 듣고 말하기를 통해 지혜를 얻어야 한다는 것이다. 우리식으로 표현하자면, 소크라테스는 문자 언어가 정보를 피상적으로 다루게 만든다고 믿었다.

2,400년이 지난 지금 그 주장은 한 발짝 더 나아갔다. 즉, 철학자와 교사들이 볼 때 책과 논문이 바람직한 매체인 반면, 디지털 세계가 "영혼 속에 건망증"을 만들어낸다는 것이다. 하지만 오래된 주장이라고 해서 틀린 것은 아니다. 앞에서 확인한 바와 같이, 두뇌 밖에 정보를 저장할 수 있게 됨에 따라 실제로 우리의 기억 능력이 영향을 받고 있다. 다만 소크라테스나 오늘날의 디지털 회의론자들이 간과한 점은 외부에 의존하여 정보를 얻는 것, 이른바 전환기억(transitional memory)을 활용하는 것이 나쁜 일이 아니라는 사실이다. 만일 사람들이 소크라테스의 말을 더 귀담아 들었다면 당신은 지금 이 책을 통해 우리의 통찰을 얻지 못했을 것이고, 그의 제자 플라톤이 문자 언어에

대한 스승의 멸시를 무시하지 않았다면 우리가 오늘날 소크라테스의 관점을 놓고 의견을 나누지 못했을 것이다. 조금 일상적인 차원으로 바꾸어본다면, 당신은 기록해 놓은 내용을 전혀 참고하지 않고 기말 보고서에 생각의 흐름을 무리 없이 표현해낼 수 있는가? 요컨대 우리의 기억 능력이 어떤 나쁜 영향을 받게 될 수도 있겠지만, 우리는 전환기억 덕분에 소크라테스보다 더 많은 정보를 축적, 처리, 사용할 수 있게 되었다.

이 문제를 면밀하게 검토하는 동안 우리는 바퀴 이래 인간의 발명품에 관한 세 가지 근본적인 진실을 깨닫게 되었다. 첫 번째 진실은 발명품이 생활을 좀 더 편리하게 만든다는 것이다. 우리는 바퀴의 발명을 통해 무거운 짐을 직접 나르는 대신 수레에 짐 보따리를 싣고 갈 수 있게 되었고, 마이크로프로세서를 발명함으로써 모든 것을 다 알지 못해도 위키피디아나 레딧(Reddit, 사용자가 콘텐츠를 읽고 직접 편집하는 미국의 소셜 뉴스 사이트—옮긴이)의 전문가 혹은 저장된 PDF 단어 목록을 통해 정보를 검색할 수 있게 되었다.

두 번째 진실은 발명품이 우리의 선천적인 능력을 손상시키는 요인이 될 수 있다는 것이다. 인간이 운송에 바퀴를 사용하고 게을러지게 된 후 후기 청동기 사람들에게 건강상의 결함이 나타났을 가능성이 크고, 사람들은 하드 드라이브에 정보를 저장할 수 있게 된 후 더 이상 전화번호를 암기하지 않게 되었다.

세 번째 진실은 발명품을 통해 우리가 새로운 능력을 발전시킨다는 것이다. 사람들은 마차를 모는 데 필요한 조정능력과 반사신경을 매우 빠르게 발달시켰다. 디지털 환경에서 성장한다는 건 우리가 끝없이 펼쳐진 정보의 바다를 항해하면서 그것들을 이용할 수 있도록 진화할 것이고, 더 나아가 미래에는 아직 알려지지 않은 새로운 능력도 발전시키게 될 거라는 뜻이다(Stour, Toth, Schick, & Chaminade, 2008).
      아이들은 선천적인 탐험가이자 건축가라고 할 수 있다. 이들이 어떤 방식으로 코딩을 배우고 이를 활용하여 자기들끼리 새로운 프로그램을 만드는지를 보여주는 매우 인상적인 사례들이 있다. 스크래치(Scratch, Resnick et al., 2009)를 예로 들어보자. 이것은 MIT 공대에서 미치 레스닉(Mitch Resnick)과 그 동료들이 개발한 블록 기반의 무료 프로그래밍 언어로, 학생들은 스크래치를 이용해 그들끼리 대화하거나 게임과 애니메이션을 만들어 공유할 수 있다. 프로그래밍이 처음인 성인들조차 스크래치를 사용해 보고 이 분야에 대한 감을 잡기도 한다. 우리는 초등학교에서 정기적으로 스크래치를 활용하여 수업을 하는 프로젝트(Forsgren Velasquez et al., 2014)를 관찰할 수 있었다. 이 수업에서 아이들은 간단한 기초 단계에서 시작하여 오랜 시간 스크래치를 갖고 이리저리 궁리하면서 무언가를 만들어냈고, 결과물을 서로 보여주기도 했다. 또 하나는 우리 중 한 명이 방문했던 중국의 한 고등학교 사례이다. 그 학교는 서부의 농촌 지역에 위치해 있었고, 중국 내 상위권 대학에는 한 명도 진학시킨 적이 없었다. 이처럼 열악한 상황에 있는 학생들에게 무언가 도움을 주기 위해 PEER(毅恒挚友)이라는 비정부기구가 스크래치 초보자 캠프를 열었고, 이를 통해 학생들은 이전에 없던 열의를 갖게 되었다. 학생 중 4분의 1은 이전에 한 번도 프로그래밍을 접한 적이 없었는데, 이제는 코드를 작성할 수 있게 되었다. 학생들은 전통적인 진로교육 과정에서 그럴 기회가 전혀 없었지만, 디지털 교육공학을 통해 근본적으로 새로운 역량을 배울 수 있었을 뿐 아니라 복잡하고도 힘든 세상에서 스스로 자신의 길을 찾아갈 수 있게 되었다.
      이 모든 사례는 유의해서 들여다볼 필요가 있다. 이유는 간단하다. 지금 이야기하는 것이 이전에 없던 전혀 새로운 세계이기 때문이다. 지난 30년 동안 테트리스(Tetris)에서 가상현실 헤드셋으로 이동해 온 데서 알 수 있듯이, 디지털 기술의 발전 속도는 엄청나다. 오늘날 알려진 것을 바탕으로 하여 향후 30년 동안 디지털 공간이 우리에게 어떤 영향을 끼칠 것인지 예측하기란 거의 불가능하다. 따라서 현재 기술의 영향을 분석하는 일도 중요하지만 미래를 추정하기가 곤란하다는 점을 이해하는 것도 중요하다. 헨리 포드(Henry Ford)는 사람들에게 무엇을 원하느냐고 물었다면 더 빨리 달리는 말이 필요하다는 대답을 들었을 것이라고 이야기했다 한다.

인간은 지금까지 유구한 역사 속에서 그래왔던 것처럼 그들이 처한 기술적 환경에 적응하고 진화해 나갈 것이다. 그 과정에서 어떤 능력들이 사라질 수도 있지만, 동시에 새로운 환경을 극복하기 위한 다른 역량들이 강화될 수 있다. 디지털 기술을 통해 누리게 될 무한한 기회들이 이제 막 열리기 시작하고 있으며, 이에 따라 우리가 이전에 할 수 있었던 것보다 훨씬 정확하게 필요한 역량과 뇌 기능을 강화할 수 있게 될 것이다. 우리는 사용 가능한 도구들을 활용해 스스로 배우고 단련할 최선의 방법을 파악하고 생각해내야 한다. 디지털 기술을 학습함으로써 앞으로 나아갈 수 있는데도 교육에서 이를 활용하는 데에 반대하는 것은 용서받기 어려운 일일 수 있다. 미래를 예측하기 어려울 정도로 기술 발전의 속도가 빠르기 때문에, 우리는 기계와 함께 성장하고 거기에 적응할 수 있도록 끊임없이 노력해야 한다.

새로운 기술의 역설적 고리: 전진인가 후퇴인가?
논제 3: 현재의 교육공학은 혁명과 거리가 멀다.

현재 우리가 사용하고 있는 대부분의 디지털 교과서와 프로그램은 인간의 학습에 관한 이해 면에서 한계가 있다. 바로 이 점 때문에 새로운 기술이 실제로는 우리를 1950년대의 행동주의 교육 방식으로 후퇴하게 만드는 역설적 고리가 형성된다. 하버드대학교 심리학자 스키너(B. F. Skinner)는 1950년대에 자동학습기(teaching machine)라는 기구를 만들었다. 그런 기계를 발명한 사람으로 스키너가 가장 널리 알려져 있지만, 그가 처음은 아니었다. 이미 1928년에 시드니 프레시(Sidney Pressey)라는 사람이 자동학습기를 설계했었다. 스키너의 자동학습기는 교육공학의 열망을 담은 초기 작품이라고 할 수 있는데, 학생에게 문제를 제시하여 답을 쓰도록 한 후 정답을 보여주는 기구였다. 스키너는 행동주의 심리학의 대표적인 이론가 중 하나였다. 행동주의 이론은 무엇보다도 학습이 주로 우리 행동의 즉각적인 결과에 의해 일어난다고 주장한다. 그 이론에 따르면, A라는 행동에 대해서는 보상을 하고 B라는 행동에 대해서는 벌을 주는 경험을 제공할 경우, A 행동은 내면화되고 B 행동은 배제된다고 한다. 교사와 부모들은 이 이론에 따라 아이들이 좋은 일을 하면 칭찬하고 나쁜 일을 하면 벌을 줄 수 있다. 이와 비슷한 방식으로, 스키너의 자동학습기는 정답을 제시한 학생들에게 보상을 주도록 프로그램화되어 있다. 아울러 자동학습기는 학생의 능력과 실력이 향상되는 것을 반영할 수 있도록 설계되어 있다. 즉, 학생이 문제를 잘 풀면 다음 문제가 더 어려워지고, 못 풀면 단계가 낮은 문제가 제시된다.

그렇다면 이러한 학습관은 어떤 점에서 잘못되었다고 할 수 있을까? 우리는 잘한 일에 대해 보상을 하지 말아야 하고, 교육은 어떤 형태의 긍정적 보상과도 무관해야 할까? 문제는 행동주의가 그릇된 원칙이라는 게 아니다. 진짜 문제는 행동주의 이론에서 학습을 이해하는 방식이 편협하고 따라서 부정적인 결과를 가져올 수 있다는 점이다.

이른바 '당근'을 통해 아이들이 특정 행동을 하도록 유도하는 것보다 학습과 탐구에 깊이 흥미를 갖게 하는 것이 최고 좋은 수업일 것이다. 그러나 학습과 탐구에 흥미를 갖게 하기란 구구단을 가르치는 일보다 어렵다. 특히 측정하기는 더 어렵다. 그러다 보니 학습의 의미를 표준화시험으로 측정할 수 있는 명백한 답을 제시하는 것이라고 정의하는 사람은 학습자가 깊은 흥미를 갖게 하는 데에 전혀 무관심하다. 얄궂게도, 정답을 요구하는 것은 교육공학이 추구하는 바이고 따라서 지금 문제시되는 학습의 개념을 더욱 강화하는 꼴이 된다.

행동주의 심리학은 학습에 대한 이해를 단순화시켰을 뿐만 아니라 양적인 데이터야말로 현재의 교육공학을 이끄는 중요한 견인차라고 믿는다. 호세 페레이라(Jose Fereira)의 직설적인 표현처럼 "훌륭한 가정교사는 농담을 통해 학습에 흥미를 갖도록 유도하지만, 로봇 가정교사는 근본적으로 마음을 읽을 수 있다"라는 것이다(Lapowsky, 2015). 호세 페레이라는 세계 최대의 교육공학 기업인 뉴턴(Knewton)의 설립자이다. 이 회사는 사용자에게 문제를 제시하고 그것을 풀면 피드백을 주는 디지털 가정교사 시스템을 공급하고 있다. 사용자가 문제를 풀면 뉴턴은 해당 주제에 관하여 설명하는 짧은 동영상을 보여준다. 사용자의 문제풀이 성과에 따라 더 복잡한 문제로 넘어가기도 하고 그 반대가 되기도 한다. 물론 이러한 설명이 뉴턴의 모든 것을 보여준다고 할 수는 없더라도 주된 쓰임새라고 할 수 있다.

이제 마음을 읽는 로봇 가정교사가 일반적인 교사와 같은 상황을 맞이할 때 어떤 일이 일어나는지 살펴보자(Tognoni, 2015). 우리가 학생이고 대수식을 배워야 한다고 가정해 보자. 여기 뉴턴이 제시하는 문제가 있다. "$x=-1$이라면 $4(2x+1)$은?" 많은 사람들이 실수하듯이, 괄호를 무시한 채 왼쪽에서 오른쪽으로 순서대로 계산하면, 답은 $4 \times (-1) \times 2+1=-7$이 될 것이다. 수학을 가르쳐 본 경험이 있는 사람이라면, 아니 그런 경험이 없는 사람조차도 어떻게 해서 이런 잘못된 결론에 이르게 되었는지를 금방 알 수 있다. 교사라면 일반적으로 그 학생과 함께 전체 과정을 살펴보고 어느 지점에서 잘못이 있었는지를 찾아내어 지적할 것이다. 하지만 어떤 교사도 이 간단한 연습문제 풀이가 마음을 읽는 작업이라고 여기지 않을 것이고 오히려 자신이 마땅히 해야 할 일이라고 생각할 것이다. 이와 달리 마음을 읽는다는 로봇 가정교사가 하는 일은 무엇인가? 고작 이렇게 말할 뿐이다. "틀렸어요. 계속 노력해봐요."

이러한 사례를 놓고 볼 때, 마음을 읽는 개별 맞춤형 로봇 가정교사는 수억 달러의 비용과 7년이라는 시간을 들여 제작되었지만 외양만을 화려하게 치장하여 내놓은 스키너 자동학습기의 최신판에 불과하다. 학습자가 기계 앞에 앉는다. 기계가 프롬프트를 준다. 학습자가 반응한다. 기계는 이를 긍정하거나 부정한다. 학습을 이런 방식으로 이해한다는 점에서 오늘날의 교육공학은 마음을 읽는 로봇 가정교사라기보다 19세기로 가는 타임머신이나 별반 다르지 않다.

오늘날의 교육공학은 수학을 공부하는 과정에서 학습자의 마음을 읽지 못할뿐더러, 학습자가 왜 그런 행동을 하는가를 이해하는 데에도 당연히 어려움을 겪고 있다. 아이들에게 수학 게임을 하는 대가로 상을 주었던 연구를 기억하는가? 대부분의 디지털 학습 프로그램은 정확하게 다음과 같은 전제 위에서 작동한다. '주어진 문제를 풀어라. 그러면 별 모양의 우주탐사선 불꽃이 나타날 것이다.' 자녀들이 자기 말을 잘 듣게 하려고 금전적 보상을 남발하는 부모들과 똑같이, 컴퓨터는 그런 수업 방식이 얼마나 큰 역효과를 낼 수 있는지 모르며, 지금 시점에서 보면 그것을 만드는 프로그래머들 역시 아무것도 모르고 있다.

교육공학이 도입된 지 이미 오래이지만, 그 지지자들이 믿고 있는 것보다는 훨씬 덜 진화되었다. 교육공학 기술이 제시하는 야심찬 기대는 적어도 현시점에서 가능한 것들을 지나치게 과대 포장하고 있으며, 나아가 배우고 가르치는 일에 담긴 인간적 차원을 지나치게 저평가하고 있다. 바람직하고 성공적인 학습에는 다양한 측면이 있다. 하지만 교육공학을 내세우는 사람들은 주로 학습의 행동주의적 측면, 즉 편협할 뿐만 아니라 때로는 해롭기까지 한 학습의 개념에 영합하고 있다.

다시 미래로

"또 지각인가?" 싶어서 시계를 불러낸다. 오른쪽 콘택트렌즈에 파란빛의 글자가 뜬다. 오전 8시 45분. 첫 수업까지는 아직 시간이 충분하다. 이제 막 봄이 시작된 때라서 오늘은 걷기로 했다. 가벼운 아침운동은 하루 일과에 집중하는 데 도움이 된다. 음악을 듣느라고 친구 제이미가 길 건너편에서 부르는 소리를 듣지 못했더니 그가 달려와 인사를 건넨다. 제이미와 함께 수학숙제에 관해 의논하고 샌드위치를 나누어 먹으면서 학교까지 걷는다. 수학은 내가 가장 잘하는 과목이다. 칸 선생님은 클래스위즈 시스템을 활용하여 나와 다른 학년 학생들 몇 명으로 이루어진 조에 아주 도전적인 과제, 즉 우리 학교의 새 강당을 설계해 보라는 숙제를 내주셨다.

우리 학구는 인구가 계속 증가하고 있어서 해가 갈수록 더 많은 학생들이 들어올 것으로 예상된다. 시 전체의 인구 계획을 보고 예상되는 공간 수요를 추정하여 계산한 뒤에 우리는 새 공간에 대한 다양한 시뮬레이션을 해 보았다. 칸 선생님은 우리 조가 놓치지 말아야 할 세세한 부분까지 신경을 쓰도록 도움을 주셨다. 우리는 몇몇 학교 행사장에 가서 군중이 이동하는 패턴을 관찰하였고, 소방대원들을 만나 출입문 수와 위치 등에 관한 조언을 구했다. 우리는 공간의 모양에 따라 소리가 어떻게 다르게 퍼져나가는지 알게 되었고, 지역의 한 인테리어 설계사를 만나 재질에 따라 달라지는 음향 효과에 대해서도 배웠다. 우리 조는 클래스위즈에 구체적인 정보를 입력했는데, 작업이 끝나갈 무렵 가진 가상공간 회의에서는 우리가 매일 습득하는 사실이 시뮬레이션에 점점 더 잘 반영되고 있음을 확인할 수 있었다. 이제 나는 1차 함수와 로그 함수를 표현할 수 있고, 다양한 입방체의 부피를 계산해낼 수 있으며, 지금은 곧 있을 공개 주민회의에 대비해 우리 제안을 담은 발표자료를 만들어 연습하고 있다.

한편 오랫동안 수학에 자신 없어하던 제이미는 상담 선생님을 만났다. 다른 친구들과 마찬가지로 제이미도 실패에 대한 두려움 때문에 수학을 멀리했었다. 우리 조는 칸 선생님의 지도로 설계와 관련한 도움을 받았고, 제이미는 우리 조한테 수학에 관한 설명을 들었다. 제이미는 클래스위즈는 물론 교사들의 강의도 듣기 싫어하지만, 친구가 설명해줄 때는 열심히 배우려고 한다. 우리 반 친구들 각자가 그랬듯이 나도 멘토 훈련을 받았다. 클래스위즈가 제공하는 수학공부 방식이 나의 학습 방식과 잘 맞도록 짜여 있어서, 나는 지금 수십 년 전 내 또래의 학생들이 도달했던 수준보다도 앞서 있다. 따라서 학교가 주요 과목들의 수업 대신 멘토링 훈련에 많은 시간을 배정했어도 별문제는 없었다.

부모님과 대화할 때면 그분들의 학창시절을 상상하기가 어렵다. 부모님의 지식 대부분이 선생님에게 배운 거라는 점을 감안하면 부모님의 선생님들은 만물박사였음이 틀림없다. 나는 가끔 옛날 선생님들은 천재가 아니었을까 궁금해진다. 하지만 부모님은 학교가 종종 굉장히 지루했다고도 말씀하신다. 내 경우에는 학교 공부가 힘들면 간혹 이를 피해 축구나 독서를 즐기니 지루할 일이 없다. 반 친구들 역시 비슷하게 생각하는 것 같다. 칸 선생님처럼 오래된 선생님들은 아직도 학생들이 아침에 얼마나 자주 지각하는지 기억하고 계시다. 우리 반에서는 그런 일이 거의 일어나지 않는데, 왜냐하면 보통은 꼭 해야 할 중요한 일이 있고 아무도 친구들을 실망시키고 싶어 하지 않기 때문이다. 교문을 통해 학교 운동장으로 들어서면 활짝 웃으며 손 흔드는 칸 선생님을 만나게 된다. 나는 여기 있는 것이 행복하다. 나는 학교를 좋아한다.

참고문헌

Carr, N. (2010). *The Shallows. What the Internet is doing to our brains*. New York, NY: W.W. Norton and Co.

Carr, N. [Big Think] (2011, June 20). *The neuroscience of Internet addiction* [Video file]. Retrieved from https://www.youtube.com/watch?v=HjJYvLH_FGw

Forsgren Velasquez, N., Fields, D. A., Olsen, D., Martin, H. T., Strommer, A., Shepherd, M. C., & Kafai, Y. B. (2014). Novice programmers talking about projects: What automated text analysis reveals about online Scratch users' comments. In *Proceedings of the Annual Hawaii International Conference on System Sciences (HICSS)*. Waikoloa, Hawaii. IEEE.

Lapowsky, I. (2015, August 26). This robot tutor will make personalizing education easy. *Wired*. Retrieved from https://www.wired.com/2015/08/knewton-robot-tutor/

Matias, J. N. (2012, May 16). *Is education obsolete? Sugata Mitra at the MIT lab* [Blog post]. Retrieved from https://civic.mit.edu/blog/natematias/is-education-obsolete-sugata-mitra-at-the-mit-media-lab

Plato. (orig. date unknown /1986). *Phaedrus* (p. 123). Warminster, UK: Aris & Phillips.

Resnick, M., Maloney, J., Monroy-Hernandez, A., Rusk, N., Eastmond, E., Brennan, K.,..., & Kafai, Y. (2009). Scratch: Programming for all. *Communications of the ACM*, 52(11), 60-67.

Robertson, I. (2016) Personal communication.

Stout, D., Toth, N., Schick, K., & Chaminade, T. (2008). Neural correlates of Early Stone Age toolmaking: Technology, language and cognition in human evolution. *Philosophical Transactions of the Royal Society B: Biological Sciences, 363*(1499), 1939-1949. http://doi.org/10.1098/rstb.2008.0001

Tognoni, C. (2015, September 17). *Knewton knows knothing about my mind*. Retrieved from http://betteroffedu.com/post/129288891629/knewton-knows-knothing-about-my-mind

제7장

학교는 학생들을 미래 직업세계에 제대로 준비시킬 수 있는가?

러브 버사일럿, 테런스 탠 웨이 팅, 샤론 유

매사추세츠주 케임브리지 대학 교정. 구름 한 점 없이 맑고 화창한 날인데도 하나같이 시선은 땅에 둔 채 이 강의실에서 저 강의실로 뛰어다니는 학생들의 머릿속에는 오로지 학년말에 대한 생각뿐이다. 제출해야 하는 과제, 써야 하는 학기말 보고서, 곧 치를 기말고사 때문에 아무도 화려한 봄날에 마음을 내맡기지 못한다. 졸업 필수요건을 채우는 것도 문제지만, 졸업생 대다수가 의구심을 느끼는 것은 장래 취업 전망이다. 과연 내 목적의식과 어긋나지 않으면서 이제까지 교육에 쏟아부은 비용을 회수할 수 있을 만한 일자리를 찾을 수 있을까?

찰스강 건너편에서는 고용주들이 경기 호전을 낙관하고 있다. 기업은 느리지만 착실하게 회복 중이며, 일자리도 늘어나고 있다. 2008년 금융위기 이후 처음으로 기업들은 경쟁력에 자신감을 되찾고 있는 것 같다. 하지만 머리 위에는 구름이 드리워져 있다. 언제 다시 무너질지 모를 회복세와 성장세를 지탱해 줄 만한 자격 갖춘 인재를 찾기가 어려운 탓이다. 고용주들은 오직 탄탄한 인적 자본이라는 기반 위에서만 기업 경쟁력이 유지될 수 있음을 안다. 하지만 구인 규모가 실제 채용을 앞질렀다는 최근의 보도에서 보듯, 학교가 배출하는 졸업생들의 자격요건은 재계의 필요에 미치지 못하고 있다(Jamrisko, 2015).

세계적으로 교육에 대한 투자가 크게 늘고 있는 시기에 이런 일이 벌어지고 있다는 점은 당혹스럽다. 유네스코(UNESCO)가 이끄는 세계적 차원의 교육운동 '모두를 위한 교육(Education for All, EFA)' 같은 계획안들은 인적 자본 향상과 성장 촉진을 위해 모든 아동을 교육시킬 것을 각 사회에 촉구하고 있다. 그 결과 개발도상국들의 국내총생산(GDP)에서 차지하는 교육비의 비중이 꾸준히 증가해 국제협약에서 제시하고 있는 기준에 도달했을 뿐만 아니라 각국 내에서 증가한 교육 수요를 충족시켜 가고 있다. 기존의 자선가들과 최근 등장한 기술 엘리트

들이 주도하는 기업 부문 역시 교육에 돈을 쏟아붓고 있다. 미국의 경우 2012년 개별 기업 후원금의 17퍼센트에 해당되는 기금(1,440만 달러)이 유초중등 교육(K-12)에 기부됐다. 이러한 모든 투자는 잠재적인 회수 가능성을 염두에 둔 것이다. 개발도상국들은 교육을 성장을 위한 엔진으로 생각한다. 선진국에서는 교육이 산업 경쟁력을 높이는 도구로 간주된다. 사람들은 경제적인 대가를 바라고 교육에 투자한다. 즉, 피고용자들은 생계를, 고용주들은 생산성 높은 노동자를 염두에 둔다.

제도적으로 학생들에 대한 취업준비 교육이 제대로 이루어지지 못할 때 어떤 일이 벌어지는지는 최근의 역사에서 알 수 있다. 불균등한 성장 속에 치솟은 청년 실업률은, 특히 중동과 북아프리카(Middle East and North African, MENA) 지역에서 보듯이, 독재정권을 무너뜨리고 갓 싹트기 시작한 민주주의를 위협하는 등 사회 불안으로 귀결됐다. 교육을 통해 완화될 것으로 기대했던 사회 불평등이 오히려 악화될 경우 사회는 불만으로 가득차고 경제는 침체된다. 청년들이 직업도 없이 공백 상태로 불확실한 미래를 기다리는 상태가 장기간 지속되는 유예기(waithood, '성인기(adulthood)'에 '기다리다(wait)'는 말을 대입해 만든 조어로, 특히 중동과 북아프리카, 인도를 비롯한 개발도상국에서 대학을 졸업한 젊은이들이 일자리를 구하지 못해 생애단계상의 과업에 착수하지 못하고 '연장된 청소년기'에 머물러 있는 현상을 일컫는다—옮긴이)라는 개념은 현재 북아프리카 일부 지역의 사회 현상을 잘 포착한 말이다(Honwana, 2014).

학교의 취업준비 교육 실패에 더해 설상가상으로 급변하는 세계라는 현실이 닥쳐왔다. 주 원인은 기술혁신과 기후변화다. 기후변화라는 위협은 한 사회가 회복력을 갖기 위해 요구되는 능력들을 변화시켰다. 새로운 기술 덕분에 사람들은 일자리를 좀 더 오래 지킬 수 있게 되었지만, 동시에 나이가 더 들어서도 일할 수 있게 해주는 바로 그 기술 때문에 해고될 위협에 직면하고 있다.

실제로 변화는 양날의 칼이다. 더 많은 일자리가 만들어지고 있지만, 요구되는 능력은 늘어날 뿐 아니라 근본적으로 달라지고 있기도 하다. 기술은 사람들을 일터에서 내몰 수 있는 위협이 되었다. 사람들은 근속연수를 늘려 일할 수 있게 됐지만, 보유한 능력이 언제 더는 시류에 맞지 않게 될는지 알 수 없게 되었다. 현재 12세가 된 아동은 자라서 지금은 존재하지도 않는 직업을 갖고 살아갈 것이다(World Economic Forum, 2016). 밀레니얼 세대는 평생 동안 7~8회 정도 직장을 바꿀 것이라고 한다. '직무(job)'의 변경이 아닌 '직업(career)'의 변경이라는 뜻이다. 그동안 무수히 많은 사람을 20세기 경제에 적합한 인재로 길러냈던 교육은 이제 점점 더 불확실해지는 21세기를 맞아 중대한 시험대에 오르게 되었다. 학교제도는 불확실한 미래에 대응할 수 있을 적절한 교육적 대비를 갖춰야 한다는 도전에 직면하고 있다.

물론 이것은 전혀 새로운 현상이 아니다. 그러나 21세기 경제는 학교제도가 설계되는 방식과 교육이 이루어지는 방식에 중대한 영향을 끼칠 것이다. 교육을 받는다는 것은 세계의 번영에 동참할 기회를 얻느냐 마느냐의 여부를 결정한다는 것이 일반적인 믿음이다. 학교가 아이들, 특히 저소득층 출신의 아이들에 대한 취업교육에 실패할 경우 그들을 사회경제적으로 서행 차선에 갇혀 있게 만들 뿐 아니라 결국 사회적 배제로 내모는 결과를 재촉할 수 있다. 개인이나 한 나라가 아닌 국제사회적 관점에서, 우리는 교육과 경제의 연관성을 무시할 여력이 없다.

이 장에서는 급변하는 세계—더 많은 부가 창출되고 교육 투자가 증가하고 있지만, 교육제도는 성장세에 있는 세계 경제가 제공하는 다양한 기회를 누릴 능력을 아이들에게 갖춰주지 못하고 있다는 인식이 증가하고 있는 세계—속에서 "학교는 학생들을 미래 직업세계에 제대로 준비시킬 수 있는가?"라는 문제를 짚어보려 한다. 미리 밝혀두자면, 학교의 유일한 목적이 산업을 지탱할 인재를 보급하는 것이라는 주장은 교육개혁 담론에 누가 되리라는 점을 인정한다. 전부는 아니라도 많은 이가 교육에는 그 외 다른 목적들이 있다고 생각한다. 하지만 일자리들이 채워지지 않고 있는데 교육받은 사람들은 여전히 실업자로 남아있다면, 학교가 학생들에게 생산적인 세계 시민이 되는 데 필요한 능력과 역량을 길러주는 일은 당면한 급선무가 된다.

우리는 몇 개 나라의 교육제도를 선정해 청년실업, 직업 경로(career tracks)에 대한 사회적 가치평가와 순위 설정, 그리고 고용주와 노동자 만족도 등으로 드러나는 취업준비 교육의 성공 여부를 살펴봄으로써 이 문제에 대한 답을 제시해보려고 한다. 살펴볼 교육제도는 기존의 문헌과 우리의 직업적 경험, 전문가들의 지도를 참조해 실용적 방식으로 선택됐다. 논의 전개를 위해 우리는 다음과 같은 일련의 질문들을 설정했다.

- 학교가 학생들에게 생산적이며 자기실현을 이룬 개인으로 성장하기 위한 적합한 기술과 역량을 갖춰주도록 보장할 수 있는 방법은 무엇인가?
- 학교가 아이들을 현재 이루어지고 있는 성장에 동참할 수 있게 함으로써 형평성과 사회정의의 동인(動因)이 되도록 하려면 학교를 어떻게 설계해야 할까?
- 우리는 학습자와 전체 사회에 실질적으로 기여하는 의미 있는 협력 관계를 어떻게 만들 수 있을까?

- 교육제도가 학생들의 취업준비 교육을 못하게 막는 요인들은 무엇인가?

이어 세계적 차원에서 교육과 일자리를 어떻게 동조시켜야 할지에 관해 정책입안자, 교육자, 기업 지도자들이 고려할 만한 세 가지 제안을 제시하고, 몇 가지 성찰들로 결론을 맺고자 한다.

학교는 아이들을 직업에 대비시키고 있는가?

교육제도는 본질적으로 복합적이고 나라마다 천차만별이지만, 여기서는 직업 준비도(work preparedness)를 보여주는 청년실업, 경로 다양성, 고용주 만족도라는 세 가지 지표를 제안하고자 한다.

- 청년실업이란 교육, 채용, 직업훈련 기회를 적극적으로 찾고 있는(NEET, 'Not in Education, Employment, or Training'의 약자—옮긴이) 15-24세 청년들의 실업 상태를 의미한다(OECD, 2016). 이것은 다음의 두 가지 중 하나, 즉 경제 침체로 인한 일자리 부족 또는 청년들이 학교에서 취업에 필요한 기술을 제대로 습득하지 못하고 있음을 보여주는 지표이다.
- 경로 다양성이란 공급 측면, 즉 교육제도가 고등학교를 졸업한 학생들에게 매력 있고 수준 높은 중등교육 이후 진로를 제공하고 있는지 여부를 보여준다. 학생들의 다양한 수요와 능력에 부합할 수 있는 교육제도의 유연성은 학교와

일터 간의 긴밀한 연계성을 보여주는 중요한 지표이다.
- 고용주 만족도란 수요 측면, 즉 신입직원들이 맡은 업무를 제대로 감당할 준비가 되어 있는지에 관한 고용주들의 생각을 보여준다. 이것은 졸업생들이 자신이 선택한 진로에 대해 어느 정도 준비되어 있는지, 그리고 고용주들이 기대하는 역량을 갖추었는지 여부를 보여주는 좋은 척도이다.

이러한 지표들을 좀 더 깊이 검토해보면 비관적인 생각이 드는 것도 무리는 아니다. 세계 여러 나라를 둘러보아도 학생들에게 제대로 된 취업 준비 교육을 하는 곳은 찾아보기 어렵다.

청년 실업

단순하게 보자면, 세계의 청년 실업률은 성인 실업률에 비해 3배 더 높다. 실제 2015년 그리스와 스페인의 청년 실업률은 50퍼센트를 넘어섰으며, 지난 15년 평균 수치도 그리스는 34퍼센트, 스페인은 24퍼센트에 달했다. 이와는 대조적으로, 같은 기간 성인 실업률은 두 나라 각각 24퍼센트와 15퍼센트에 그쳤다(World Bank, 2016). 미국 국내 상황 역시 그리 좋지 못하다. 미국의 청년 실업률은 2015년 중반에 12퍼센트까지 치솟았는데, 이는 학교를 졸업했으나 직장을 구하지 못한 청년이 670만 명에 이르렀음을 의미한다. 전 세계적으로 실업에 직면한 청년들은 이들을 포함해 7,600만에 달하고 있는데, 세계 청년 인구의 3분의 1이 넘는 수준이다(Mejia et al., 2015).

위에 언급한 나라들의 교육제도는 모든 학생이 직업세계로 나설 수 있도록 적절히 준비시키는 데 실패했다는 특징을 보인다. 그리스의 고등교육 부문은 위태로운 상황에 처해 있다. 2013년의 긴축정책으로 대학들은 교직원에 대한 정리해고를 감행했고, 그 여파로 전국의 여러 대학이 임시 휴교에 들어갔다(Smith, 2013). 미국에서도 학생들의 취업준비 교육을 지원하는 정책을 둔 주들의 실업률은 그렇지 못한 주들에 비해 훨씬 낮다. 가령, 표준화시험에서 가장 높은 성적을 거두고 있는 매사추세츠주의 경우 팜스쿨(Farm School)과 노스스타 십대 자기주도학습센터(North Star Self-Directed Learning for Teens) 같은 대안적 학습기관을 두고 있으며, 주의 1인당 GDP는 6만 1,032달러에 이른다(Bureau of Economic Analysis, 2016)(2016년 미국 국민 1인당 GDP는 5만 7,588달러였음—옮긴이). 이러한 경향은 스웨덴, 영국 등 다른 선진국에서도 마찬가지로 나타난다.

한편, 필리핀, 남아프리카, 인도와 같은 신흥경제국들에서도 청년 실업은 각각 16.4퍼센트, 52.6퍼센트, 10.4퍼센트 수준에 정체돼 있다(World Bank, 2016). 흥미롭게도 이들 세 나라에서는 대안적인 경로가 만류의 대상이거나 아예 존재하지 않는다.

경로 다양성

우리는 학생들로부터 다음과 같은 불평을 자주 듣는다. 사회가 편협하게도 대부분 화이트칼라 직종으로 한정된 진로를 기대하며, 그런 직종으로 가려면 어쩔 수 없이 대학에 진학해야 한다는 것이다. 이는 국제적 현상이다. 가장 평판 좋고 높은 보수를 받는 일자리를 얻으려면 대학에서 가르치는 학문적 지식이 필요하다는 가정이 깔려있다. 이 같은 우열순위의 존재는 유명한 교육가 켄 로빈슨 경(Sir Ken Robinson)이 언급한 지식의 위계(knowledge hierarchy), 즉 어떤 형태의 학업성취가 다른 것보다 더 가치 있다는 인식을 보여준다(Robinson & Aronica, 2010). 대부분의 국가에서 학문적 지식은 직업 관련 지식에 비해 훨씬 엄밀한 지식이자 더 유력한 성공 보증서로 간주된다. 이는 자신의 흥미를 바탕으로 실업계열을 선택한 청년들로부터 자신감을 앗아가 버릴 수 있다.

관심이나 능력은 고려치 않은 채 특정 진로로 학급을 편성함으로써, 학생들이 학업 자체에 흥미를 잃거나 환멸에 빠지게 만든다. 미국의 교육제도는 일차적으로 학생들이 고등교육까지 밟도록 설계돼 있고, 대안으로서의 실업계 진로는 거의 참작되지 않는다. 실제로 전체 고등학교 졸업생의 69.2퍼센트가 칼리지(college)나 종합대학(university)에 입학한다(Bureau of Labor Statistics, 2015). 이 자체로는 대학이 좋은 직업을 얻는 유일한 길이라는 메시지를 보내지 않지만, 이것이 끝은 아니다. 고등학교의 실업계열은 아무에게도 인정을 받지 못한다. 재정도 부족하고 시설도 엉망이며 학생들의 기대 수준도 낮다. 주로 소수집단이나 저소득층 자녀들, 학업에서 뒤처지는 학생들이 불균형적으로 높은 비율로 이 계열을 채우고 있다(Oakes, 2005). 게다가 고등학교들은 대학 입학사정관들이 탐을 내는 대학과목 선이수제(Advanced Placement, AP), 국제바칼로레아(International Baccalaureate, IB) 학위 같은 예비대학 프로그램들을 장려하는 등, 대학 진학 경로에 대한 선호는 전국 방방곡곡에서 관찰된다.

지식에 대한 위계 설정과 더불어, 대학에 입학하기 위해 거쳐야 하는 고부담 시험을 통해서도 교육제도가 학계에 부여하고 있는 가치의 비중이 드러난다. 이러한 예는 인도, 한국, 미국 등에서 볼 수 있는데, 이들 나라에서는 단 한 번의 시험으로 한 학생의 미래가 결정되기도 한다. 이들 교육제도의 대단히 치열한 대입 경쟁 탓에, 일탈 현상도 발생한다. 부정행위 혐의와 시험만을 목표로 한 수업이 만연하는 것이다. 그 결과 학생들은 인생을 잘 사는 데 필요한 능력을 기르기보다 단지 시험을 잘 치르는 데만 능통하게 된다. 최근의 연구들은 이러한 시험이 학생과 가족에게 주는 고도의 심리적 부담을 감안할 때 과연 대학수학능력을 판단하는 좋은 지표일지에 의문을 제기하고 있다.

한국에서는 졸업시험, 즉 대학수학능력시험 점수에 따라 취업, 결혼, 사회적 지위를 포함해 학생의 경력과 평생의 사회적 궤도가 정해진다. 최상위권 대학, 소위 'SKY' 대학들은 최고 득점자들만 받아들인다. 이명박 전 대통령의 말을 빌면, 단지 1퍼센트의 학생들만이 이들 대학에 들어갈 수 있는 점수를 얻는다. 인도의 경우 델리대학교 세인트스티븐 스칼리지(St. Stephen's College of Delhi University) 같은 최상위권 대학들은 중등교육중앙위원회나 인도중등교육자격청이 제공하는 최종 시험에서 96.5퍼센트 이상을 득점한 학생들만 받아들인다(The Press Trust of India, 2015). 인도공과대학(Indian Institute of Technology, IIT)도 고등학교 졸업시험과는 별도로 JEE(Joint Entrance Exam)라는 입학시험을 치르는데, 여기에는 매년 120-150만 명이 응시해 그 가운데 2퍼센트만이 합격한다(Mayyasi, 2013). 미국의 엘리트 대학에 들어가기 위해서도 비슷한 경쟁을 거쳐야 한다. 하버드와 스탠퍼드 같은 최상위권 대학들의 합격률은 대략 5퍼센트에 불과하다. SAT(Scholastic Aptitude Test)나 ACT(American College Testing) 점수는 이들 소수정예 대학에서의 입학 허가 여부와 높은 상관관계를 보인다.

교육제도가 고부담 표준화시험과 대학진학 계열화 기제(tracking mechanism)를 통해 고등교육에 대한 접근을 통제하거나 제한하면, 지식의 위계성은 더 악화되고 직업교육과 같은 대안적 고등교육을 선택하려는 의욕을 꺾어 버린다. 그 결과는 무엇일까? 학생들은 대학이야말로 보수가 좋은 직업을 갖기 위한 유일한 길이라는 통념을 받아들이고 그들에게 더 적합할 수도 있을 소중한 대안적 경로를 간과하게 된다.

고용주 만족도

학교를 갓 졸업한 신입직원에 대한 고용주의 인식은 좋기도 나쁘기도 하다는 양가적인 수준에서 부정적 평가에 이르기까지 다양하다. 「Education to Employment(교육에서 고용으로)」라는 제목의 맥킨지 보고서에 따르면, 9개 국가의 기업들을 조사해 본 결과 신입직을 모집하는 10곳 중 4곳꼴의 비율로 신규 졸업생들의 역량 부족 때문에 신입직원을 채용하지 못했다고 한다. 이 보고서는 또 고용주의 42퍼센트만이 노동인력에 신규 편입된 직원들이 현장에 곧바로 투입될 만한 준비가 되어 있는 것으로 여긴다고 보고했다. 졸업생들의 역량에 대한 이 같은 회의적 시각은 고용주들이 신규직원들에게 직무훈련을 시킬 필요가 있음을 뜻한다. 조사 기업의 84퍼센트는 졸업생들이 갖추지 못한 일반 역량을 훈련시키고, 90퍼센트는 직무 관련 기술을 훈련시킨다고 답했다.

고용주 기대 수준과 졸업생 역량 간의 이 같은 불일치는 신규 졸업생들이 직면하게 되는 다음 4가지의 도전으로 요약될 수 있다(Candy & Crebert, 1991; Crebert et al., 2004).

1. 학교에서 배운 이론, 원리, 정보를 자신이 맡은 업무에 어떻게 적용할 것인가.
2. 문제해결, 의사결정, 팀으로 일하기, 독자적으로 학습하기 등 작업장의 여러 상황에 어떻게 대처할 것인가.
3. 대학에는 있었지만 직장에는 없을 세심한 지도와 지시, 조정에 대한 기대를 어떻게 벗어던질 것인가.
4. 대학에서 습득한 친숙하고도 구조화된 학습 방법에서 벗어나 변화와 자기개발을 추구하는 자기성찰적 학습으로 이동하려면 어떻게 해야 하는가.

이 도전들은 신입직원에 관해 물었을 때 고용주들이 보인 반응에도 그대로 나타난다. 일례로 호주의 경우, 고용주들은 신규 졸업생들이 초임과 발전 기회에 과도한 기대를 갖고 있으며 의사결정력이나 팀으로 일하는 능력은 제대로 갖추지 못했다고 생각하고 있었다(Crebert et al., 2004).

하지만 상황에 따라서는 신입직원에 대한 고용주들의 만족도가 더 높게 나타나기도 한다. 고용주 만족도는 직원이 500명 이상인 대기업에서 더 높았는데, 그 이유는 이들 회사가 인재 선발에 전사적인 노력을 기울이며 최고의 졸업생을 채용할 수 있기 때문이다(AC Nielson, 2000). 또 고용주들은 직무연수 기회가 학생들이 일에 갖고 있던 기대를 조정하는 데 효율적이었다고 응답했으며(Crebert et al., 2004), 이는 직원들에 대한 만족도를 높이는 방향으로 작용했다.

희망의 조각들

세계의 많은 교육제도가 암울한 인상이지만, 학생들이 학교에서 직장으로 연착륙하도록 지원해주고 있는 몇몇 역동적인 지역도 존재한다. 많은 경우, 이 나라들은 청소년 교육과 기술 역량을 지원해 사회 패러다임을 변화시키기 위한 전국 규모의 프로그램에 투자하고 있다. 스위스, 독일 같은 유럽 국가들은 전통적으로 강력한 사회적 동반관계를 통한 청년들의 재능 계발에 많은 투자가 이루어지는 도제교육(apprenticeship) 모형을 유지해 온 것이 특징이다. 이런 시스템 속에서 각종 산업 분야의 기업들은 재학 중인 학생들을 대상으로 작업장 현장에서 필요한 기술을 훈련시킨다. 흔히 이원식 직업교육 모델(dual-training model)이라 일컬어지기도 하는 도제교육은 특정 분야의 직업이나 전문직에 특화된 중등 수준의 학교교육과 연계해 이루어진다.

스위스에서는 스와치그룹 등 시계 제조회사들과 스위스시계산업연맹이 전통적인 학교교육과 함께 맞물려 돌아가는 도제교육 모형을 창안했다. 유사한 이원식 직업교육제도는 다른 나라들에도 존재하는데, 독일과 오스트리아의 '직업교육훈련 프로그램(Technical and Vocational Education and Training, TVET)', 직업훈련 뒤 취업을 보장하는 이집트의 '무바라크-콜 이니셔티브(Mubarak-Köhl Initiative)', 중국이 최근에 채택한 독일과 비슷한 이원식 직업교육 프로그램이 이에 속한다.

　도제교육 모형 외에, 핀란드는 수학, 과학, 기술 같은 다양한 교과를 통합한 프로젝트를 통해 학습에 접근하는, 문제 기반 학습(problem-based learning)과 유사한 현상 기반 학습(phenomenon-based learning)이라는 학제적 기법을 도입했다. 전문적 작업장 환경을 모사한 상황을 조성하려는 것이다.

　이미 번창하고 있는 교육제도에서도 학생들이 미래의 직업들에 좀 더 잘 대비할 수 있도록 하기 위해 지속적인 갱신을 시도하고 있다. 싱가포르의 기술교육원(Institutes of Technical Education, ITE)은 1970년대와 1980년대에 도제교육에 대한 실험을 거친 뒤, 1990년대에 들어 서유럽의 유서 깊은 모형과는 매우 다른 관점에서 직업교육에 접근하기로 결정했다. ITE는 다양한 업계 파트너들과의 긴밀한 협력을 통해 공장학교(factory school)라 불리는 실제 같은 작업환경 모형을 구축했다. 정비기술 훈련생들은 닛산과 스즈키 자동차, 사양대로 정밀하게 설계된 특수 엔진 모형으로 작업하고, 호텔리어 지망생들은 ITE 캠퍼스 안에 세워진 호텔에서 실제 고객을 상대로 접객 업무를 익혔다.

　2000년대 초 ITE 지도자들은 이것만으로는 충분치 않다는 점을 깨달았다. 그들은 정부 및 산업계와 맺은 긴밀한 관계, 즉 1960년대부터 정책과 실무 양쪽에서 소중하게 지켜온 그 파트너십 덕분에, 직업교육을 받는 학생들의 미래도 부가가치 틈새 산업에 있으리라는 것을 직시할 수 있었다. 이에 따라 ITE에서는 생명공학 실험실 기사, 디지털 애니메이터, 공연예술 연출기술자처럼 특수한 분야의 직업을 위한 훈련 과정을 도입했다. 동시에 교수진들은 해당 전문 분야에서 시의성 있는 산업 프로젝트에 참여함으로써 담당 부문에 기여해야 했다. '실행과 선두(Do or Lead)'라 불리는 이 제도는 ITE 강사들이 각자의 산업 분야와 괴리되지 않고 최신 이슈에 정통할 수 있도록 보장한다. 학교라는 세계를 직업의 세계와 통합시킨 방침은 궁극적으로 ITE에도, 그들이 지도하는 학생들에게도 이득이 되었다.

학교와 일터 사이의 인력 보급체계를 유연하고 시의성 있게 유지하고 사회적 협력관계를 구축한 결과, 싱가포르의 청년 실업은 상대적으로 낮은 9.6퍼센트에 머물고 있으며, 전체 실업률은 그보다 더 낮은 1.2퍼센트를 기록하고 있다(Ministry of Manpower, 2016). 학문적 학습환경에서는 그다지 우수한 성과를 내지 못했을 일단의 청소년들을 모아 그들에게 최고의 실무학습 기회를 제공했다는 점에서 ITE에 그 공의 일부는 돌려야 할 것이다.

학교를 통한 취업준비 교육은 가능한가?

조사 결과 우리는 학교를 통한 취업준비 교육이 가능하다는 결론에 도달했다. 앞 절에서 본 바와 같이, 세계 곳곳에는 산발적으로 몇몇 성공 사례가 존재한다. 즉, 숙고해 보아야 할 더 좋은 질문은 "학교를 통한 취업준비 교육은 어떻게 가능한가?"가 될 것이다. 학교에서 일터로의 전이가 성공적으로 이루어지는 전국적 혹은 세계적 사례들에는 한 가지 공통점이 있다. 경영주 및 정책입안자들과 대단히 긴밀하게 협력한다는 점이다. 이것이야말로 학교가 학생들에게 최선의 취업준비 교육을 시킬 수 있는 비결이다.

직업현장에 나설 학생들을 제대로 준비시키는 유일한 길은 교육의 책임이 단지 학교에만 있지는 않다는 점을 깨닫는 것이다. 정책입안자와 교육자, 기업가들이 최선을 다해 협력할 경우 어느 한 부문에만 책임을 지울 때보다 훨씬 더 나은 교육성과를 거두게 된다(Wang, 2012). 우리는 이러한 형태의 협력을 자율적 협력관계(empowered partnership)로 부르는데, 그 이유는 우리 아이들이 충분한 취업준비가 된 상태로 졸업하게 한다는 하나의 공동 목표를 위해 각 부문이 서로를 돕는 가운데 수행하는 고유의 본질적 역할을 강조하기 위해서다(그림 7-1 참조).

어느 한 부문이라도 배제한다면 차선의 결과밖에 얻지 못할 것이다. 정책입안자들의 개입 없이 학교와 고용주 양자만이 도모하는 관계는 깨지기 쉽고 팽팽한 긴장이 감도는 관계로 치달을 수 있다(Rivkin, 2014). 정부가 개입하면 우선순위를 둘러싼 갈등을 중재하는 데 도움이 될 수 있다. 학교를 배제한 채 고용주와 정책입안자 양측만 머리를 맞대면, 기존의 교육 틀을 활용해 직업 대비 교육을 진행할 기회를 놓쳐 결과적으로 기반시설을 이중으로 마련하는 꼴이 될 수 있다. 고용주들의 참여 없이 정부 기관과 학교가 직접 진로 준비교육에 착수한다면, 장차 청년들이 일하게 될 조직 당사자의 직접적인 발안이나 피드백 없이 맹목적으로 운영될 것이다.

이 논고를 위해 조사한 자율적 협력관계들은 학교에서 직업세계로 이어지는 현재의 인재양성 경로를 다양한 방식으로 개혁하고자 한다. 그 같은 개혁안들을 낱낱이 기술하는 것은 이 글의 주제 범위를 벗어나는 일이지만, 그중 많은 수를 단단히 뒷받침하고 있는 세 가지 일반 원칙만은 소개하고자 한다. 이 원칙들은 더 큰 견인력을 확보하는 데는 실패했는데, 이와 같은 개혁 원칙을 좀 더 큰 규모로 적용할 때 맞닥뜨리게 되는 난관은 각 부문 간의 긴장이 자율적 협력관계를 얼마나 위태롭게 만들 수 있고 또 만들어 왔는지를 말해준다.

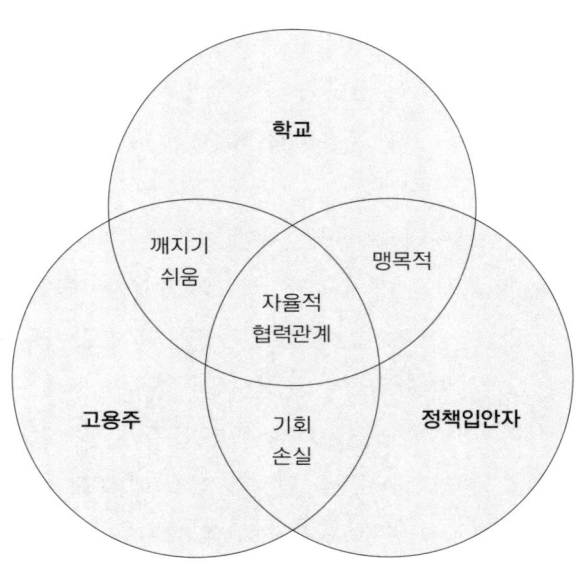

〈그림 7-1〉 자율적 협력관계

1. 다중 경로:
직업기술교육(Career and Technical Education, CTE)

하버드 교육대학원에서 '번영으로 가는 길(Pathways to Prosperity)' 네트워크의 수장을 맡고 있는 밥 슈워츠(Bob Swartz)는 전통적인 4년제 대학이 모든 사람에게 높은 급여를 보장하는 보람 있는 직업에 이르는 관문이 될 수 있는가에 대해 회의적이다. "최근 들어 모두를 위한 대학을 실현하기 위해 노력해야 한다는 생각에 반하는 움직임이 목도되고 있다. 고액의 등록금, 산더미처럼 쌓이는 학자금 빚, 부쩍 떨어진 대학 졸업장의 값어치 등, 이 모든 것들이 미국 학생들로 하여금 4년제 대학이 아닌 다른 곳에서 대안을 물색하게끔 하고 있다."(2016년 3월 22일 슈워츠와의 개인면담) 슈워츠는 그 대안으로 다중 경로 접근법을 주창한다. 4년제 대학 제도를 보완할 대안적인 고등교육 계열을 구축하고, 이들 대안적 경로를 개별 직업이나 직무 분야의 필수 자격조건들과 긴밀히 연계시키는 방식이다(Symonds, Schartz, & Ferguson, 2011).

    4년제 대학의 증대하는 비용을 감당하지 않아도 된다는 점 외에도 그 방식에는 명백한 이점이 있다. 직업기술교육(CTE) 프로그램들을 비롯한 최선의 대안적 경로들은 경험을 통한 실무 학습과 교실의 이론 학습을 독특하게 조합하는 방식으로, 산업계와의 긴밀한 협력 속에서 고안되었다. 이들 프로그램은 공식적인 교실 환경에서는 잠재력을 제대로 발휘하기 어려운 학생들, 응용에 중점을 둔 교수법을 통해서만 최선의 결과를 보여주는 학생들에게 도움이 된다. 당연한 이야기지만, 최고의 프로그램들은 정책입안자, 학교, 고용주 간의 헌신적이고 자율적인 협력관계를 바탕으로 한다.

정책입안자

정책입안자들이 교육제도에 행사할 수 있는 영향력의 수준에 따라 그들이 다중 경로 접근법에 기여하는 방식은 다양한 형태를 띨 수 있다. 미국에서처럼 그들의 영향력이 비교적 간접적일 경우, 정책입안자들은 고용주와 학교 사이에서 이루어지는 활동을 조율함으로써 수준 높은 CTE 프로그램을 육성할 수 있다. 이것은 매사추세츠주에 있는 네 곳의 인력개발 위원회가 제조업 부문의 고용주들을 숙련된 노동자들과 연결할 필요가 있다고 판단했을 때 썼던 방식이기도 하다(2016년 4월 11일 매사추세츠주 북동부첨단제조업컨소시엄 소속 로빈 디온과의 개인면담). 인적 자원 풀을 공유하는 과정에서 그들은 "산업계, 학계, 노동력 개발 부문 간의 지속적인 협력을 증진하기 위한" 산업계 주도의 협력체로서 북동부첨단제조업컨소시엄(Northeast Advanced Manufacturing Consortium, NAMC)을 설립하기 위한 지원금을 신청했다. 컨소시엄은 현재 매사추세츠주 북동부 지역 내 90여 곳의 회원사와 3곳의 커뮤니티 칼리지, 다수의 전문기술학교와 협력해 고등학교 졸업자들에게 수준 높은 직업교육과 매력적인 처우 및 취업 기회를 제공하고 있다.

정책입안 부문이 중심에 놓이게 되면, 정책입안자들의 역할은 중재자에서 리더로 바뀐다. 협력을 조정하는 역할에서 훨씬 적극적인 역할을 맡게 되는 것이다. 다중 경로 접근법의 국제적인 모범사례들을 보면, 수준 높은 CTE 프로그램들을 지원하기 위해 정부가 제도적·정치적 수단을 활용해 적극적인 역할을 수행한다는 특징을 보인다. 많은 찬사가 따라붙는 스위스의 도제교육 모형은 연방정부에 의해 규제 및 조정되는데, 정부는 산업협회들과 긴밀히 협력해 직업훈련 교육과정과 각 부문의 표준을 정한다(Hoffman & Schwartz, 2015). 정부가 3억 달러의 자본을 투자해 1992년에 설립한 싱가포르 기술교육원은 5년 단위의 계획을 통해 지속적인 발전을 보장하기 위한 노력을 계속해왔고, 경제정책 기획 부서에서 지도자들을 선발했다. 각 사례에서 정책입안자들은 교육 궤도를 감독하고 CTE 프로그램을 포함시키는 과정에서 지도자적 역할을 수행할 수 있었다.

고용주

교육에 대한 다중 경로 접근법은 고용주들의 적극적인 참여를 요한다. CTE 프로그램을 포함한 대안적 고등교육 경로들이 내세우는 최대 장점 중 하나가 산업계와의 긴밀한 관계이기 때문이다. NAMC의 제조업 마케팅 매니저 로빈 디온은 "우리 훈련과정 이수자들의 채용률은 90퍼센트가 넘는데, 이를 보장할 수 있는 유일한 길은 기업들이 우리 훈련 프로그램에 확실히 만족하도록 보장하는 것"이라 말한다(2016년 4월 11일 개인면담). CTE 교육과정을 계획할 때 고용주들을 참여시키면 학생들이 어떤 기술과 역량을 습득하도록 훈련시킬 것인지가 명쾌해진다. 이는 대학 학위 소지자들이 종종 맞닥뜨리는 문제, 즉 고용주들이 지원자가 학위를 갖고 있다는 것은 알지만 정확하게 어떤 역량을 갖고 있는지는 확신하지 못하는 문제를 최소화할 수 있다(Mourshed, Farrell, & Barton, 2013).

학교가 CTE 프로그램에 무엇을 포함시킬지 결정하는 교육과정 개발 과정에서 가장 중요한 것은 고용주들을 참여시키는 일이다. 많은 자율적 협력관계에서 공통적으로 나타나는 특징은 고용주들이 채용하고자 하는 일자리, 필요한 업무들, 그 업무를 감당하는 데 필요한 기술 등을 면밀하게 살핀다는 점이다. 그들은 관찰이 끝나면 그런 기술들을 교실 환경에서 어떻게 가장 잘 가르칠 수 있을지, 그리고 어떻게 평가할 수 있을지에 대해 학교와 대화를 시작한다. 일례로 자동차 제조업 훈련 및 교육 공동사업(Automotive Manufacturing Training and Education Collective, AMTEC)에서는 매일 작업현장에서 일하는 고도로 숙련된 기술자들을 모범 삼아 그들이 수행하는 핵심 과업이 무엇이며 각 과업에 필요한 역량은 무엇인지 확인했다. 그런 다음, 여러 학교와 협력해 3주에서 8주 과정으로 진행되는 60개의 학습모듈을 뽑아냈다(Mourshed et al., 2013). 자율적 협력관계에 참여한 고용주들은 CTE 프로그램을 이수 중인 학생들에게 회사 안에서 실감나는 학습경험을 할 기회를 제공하기도 한다. 스위스와 독일의 이원식 직업교육 제도에서 고용주들은 학생들이 CTE 프로그램의 일환으로 도제교육을 받는 것을 환영하고 또 기대하기도 하는데, 학생들은 도제교육을 받은 그 회사에 결국 취직하는 경우가 많다(Hoffman & Schwartz, 2015).

학교

초중등학교가 이 특정 원칙에 어떤 식으로 기여할 수 있는지는 정책입안자나 고용주들의 기여에 비해 뚜렷하지 않지만, 그럼에도 학교는 CTE 프로그램에 관심을 갖고 있거나 4년제 대학 대신 CTE 프로그램이 더 도움될 학생을 찾아내는 방식으로 다중 경로 접근법을 받아들일 수 있다. "우리는 매사추세츠주 소재 공립고등학교인 케임브리지 린지 앤드 라틴 스쿨의 교사 및 상담교사들과 협력해 학교를 졸업한 뒤 무엇을 할지 아직 계획이 없는 학생들을 찾아내고, 이들을 대상으로 직접 우리 프로그램을 소개하고 있다."고 디온은 설명한다(2016년 4월 11일 개인면담). 일부 학생에게는 CTE 프로그램이 더 도움이 될 수 있다는 사실을 인정하면 학생과 학부모가 그런 프로그램에서 받곤 하는 부정적 인상이나 낙인이 줄어든다.

어떤 학교들은 한 걸음 더 나아가 자체적으로 대안적 경로를 채택하기도 하는데, 그렇게 마련된 프로그램이 한층 더 직업기술교육(CTE)에 초점이 맞춰져 있는 경우가 많다. 이들 학교는 산업계와의 긴밀한 협력이라든가 정부의 강력한 지원 등 수준 높은 CTE 프로그램들과 특징을 공유하지만, 두 가지 점에서 핵심적인 차이가 있다. 하나는 학생들이 더 이른 나이인 14살에 직업 훈련을 시작한다는 점이고, 다른 하나는 졸업생들이 학사 학위를 비롯해 심화 자격을 갖출 수 있는 기회가 활짝 열려 있다는 점이다. 뉴욕시 브루클린에 위치한 고등전문대학, 소위 '피테크(P-TECH, Pathways in Technology Early College High School)'는 그런 학교의 일례다. 아이비엠(IBM)과 긴밀한 협력관계에 있고 졸업생 모두 전문학사 학위를 받을 수 있음에도 불구하고, 학교의 진로지도 교사들은 졸업 후 원한다면 4년제 학사 학위를 취득할 수 있다는 점을 부각시키기 위해 무진 애를 쓴다. 2015년 졸업생 전원이 아이비엠으로부터 취업 제안을 받았지만, 그중 4명의 학생은 4년제 대학 진학을 선택했다(Golod, 2015). 이처럼 조기에 시작되는 CTE 프로그램이 행여나 학생들의 야망을 제한해 버리는 일이 없도록 교육 경로들 사이에 이 같은 유연성과 투과성이 반드시 필요하다.

2. 진로 상담

하워드 가드너(Howard Gardner)에서 켄 로빈슨(Ken Robinson)에 이르는 저자들은 학생들이 "탁월하고 매력적이며 윤리적인"(Gardner, Csikszentmihalyi, & Damon, 2002) 진로를 찾을 수 있도록 돕는 일이 중요하다고 강조한다. 그러나 자신에게 적합한 진로에 들어서도록 학생들을 격려하고 거기에 이르는 방법을 보여주는 일은 말로는 쉬워도 실제로는 그렇지 않다. 전 세계적으로 많은 학생들이 학교교육을 계속 받아야 할 이유를 찾지 못해 중도에 그만두고 있으며, 등교를 계속하는 학생들조차 충분한 지식 없이 진로를 선택해 결국은 후회하는 경우가 잦다(Mourshed et al., 2013). 필자들의 고등학교 졸업반 시절을 돌이켜 보면, 모두가 의사, 변호사 아니면 공무원이 되겠다는 식으로 협소한 범위의 희망 진로에 사로잡혀 있었다. 그렇게 엘리트 코스를 밟은 동창생 중 많은 수가 현재 진로 변경을 고민하고 있다. 다양한 진로에 대한 정보를 저소득 가정 및 소수집단 출신 학생들도 쉽게 접하고 이해할 수 있게 한다면, 이 학생들이 애초 불가능하다고 생각했거나 특권계층 학생들만의 영역이라고 여겼던 꿈들을 펼칠 수 있을 것이다.

정책입안자

정책입안자들은 경제와 교육 동향에 관한 거시적 수준의 데이터를 입수할 수 있기 때문에, 이 데이터를 응축해 이해하기 쉬운 형태로 학생과 학부모에게 제공할 수 있는 특별한 위치에 있다. 졸업생들의 초임 수준, 이듬해 각 산업 분야에서 유효한 일자리의 수, 고교졸업 이후의 자격 유형별 진로와 고용 전망에 관한 이력 데이터 등은 특히 흥미 있는 자료들이다. 이는 학생과 학부모가 어떤 진로 계열을 선택해야 할지 결정할 때 긴요한 정보가 되지만, 그들에게 정보가 개방되는 경우는 별로 없다.

이를 하나의 정책적 결정으로 볼 경우, 세 가지 측면을 생각해 볼 수 있다. 첫째, 이미 정부 통계자료 보관소에 있던 데이터를 그 상태 그대로 제시하기만 해도 정보 투명성을 증가시키는 데 큰 보탬이 된다. 둘째, 미국의 공공데이터를 시각화한 웹사이트 '데이터 유에스에이 (Data USA, https://datausa.io/)'와 같은 식으로 데이터를 이해하기 쉽고 쌍방향적이며 직관적인 방식으로 제시하면, 학생과 학부모가 다양한 진로를 서로 의미 있게 비교하는 데 도움이 될 것이다. 마지막으로, 4년제 대학이 모든 산업 분야에서 가장 높은 보수를 받는 일자리를 얻기 위한 유일한 경로라는 통념이 사실이 아님이 밝혀질 것이다. 각자 겪어 온 배경이 다른 디온과 슈워츠도 이 점, 즉 많은 직업의 경우 CTE 프로그램이 일반 대학보다 더 높은 투자 대비 수익(ROI)을 제공한다는 점에 대해서는 전적으로 의견이 일치한다.

학생과 학부모는 다양한 진로와 교육 계열에 대한 보다 큰 그림을 제공받으면 사정을 훨씬 잘 알고서 선택을 내릴 수 있게 된다. 일례로, 콜롬비아 노동전망기구(Colombia Labor Observatory)는 개별 학교 수준까지 정보를 분석한, 매우 상세한 노동시장 정보를 웹사이트에서 제공한다(Mourshed et al., 2013). 학생과 학부모들은 국내의 각 고등교육 기관별로 졸업률과 취업률을 검색할 수 있을 뿐만 아니라 이 자료들을 종단적으로, 즉 일정 기간에 걸쳐 특정 인구집단의 추이를 관찰하는 식으로 추적해 볼 수도 있다. 이는 고등학교 졸업 이후 넘쳐나는 선택지 가운데서 선택을 해야 하는 학생들에게 효과적인 도구가 된다.

고용주

이 논고를 위해 조사한 고용주들은 진로 선택을 앞둔 학생들에게 데이터 대신 아주 다른 유형의 정보를 제공하고 있었다. 바로 회사 안에서 직접 일을 해보는 긴요한 경험이다. 이러한 노출 프로그램들로는 현장실습, 인턴십, 기업탐방 등이 있으며, 이를 통해 학생들은 기업문화와 회사의 업무를 접하고 보다 넓게는 해당 산업 부문에서의 근무 경험을 얻을 수 있다. 그리하여 학생들은 다양한 진로 계열에 대해 한층 현실적인 기대치를 갖게 되고, 업계에 대해 갖고 있던 고정관념과 잘못된 인식을 바로잡을 수 있다. 가령, 지멘스(Siemens)가 마련한 공장 견학에 참석했던 노스캐롤라이나 지역 학생과 학부모는 전에는 더럽고 위험한 노동 조건만 상상하고 공장에서 일하는 것에 대해 망설였었는데, 실제 방문해 본 공장은 사실상 최첨단 장비와 현대 제조기술로 돌아가고 있는 것을 보고 경탄을 금치 못했다고 말했다(Mourshed et al., 2013).

학생들이 현실의 문제에 적극 관여하고 회사에 기여할 수 있게 하는 최선의 노출 프로그램은 당연히 그 어떤 프로그램보다 훨씬 의미심장하다. 동시에 고용주들은 학생들이 근로 경험을 통해 지속적으로 성장한다는 인식에서 발달론적 시각으로 노출 프로그램에 접근한다. 이를 위해 많은 회사들은 노출 프로그램을 시작하기에 앞서 인턴과 함께 학습 목표와 업무 목표라는 두 가지 목표를 설정한다.

예를 들어보자. 피테크에서 졸업학년을 앞둔 학생들은 여름방학 동안 아이비엠 사무실에서 인턴으로 일할 수 있는 기회를 얻는다. 그들은 여러 연구팀에 배치되어 할당된 실제 과제를 연구하고, 인턴 기간이 마무리될 즈음 아이비엠 이사들과 피테크 강사진을 포함한 청중 앞에서 그들의 작업 결과를 발표한다(Golod, 2015). 영국에서는 제이피모건(JPMorgan)이 사회이동성재단(Social Mobility Foundation)과 협력해 저소득층 학생들이 런던에서 여름방학 인턴십에 참여할 기회를 제공한다. 인턴십에 참여하는 학생들은 제이피모건에서 직접 수익 창출 업무를 맡고 선배 직원들과 멘토-멘티 관계를 맺는다(JPMorgan Chase, 2016). 아이비엠과 제이피모건의 노출 프로그램은 모두 저소득층 및 소수집단 학생들에게 큰 도움이 된다. 두 회사 같은 글로벌 대기업에서 일할 기회를 얻는다는 것은 자긍심을 고양시켜 주는 강력한 수단으로 진로에 대한 학생들의 열망도 키워준다.

학교

학교는 진로 선택에 자신 없어 하는 학생들에게 조언을 제공하는 역할을 예부터 맡아 왔고, 그 역할을 다음의 두 가지 방식 중 하나로 수행하곤 했다. 포괄적 진로상담(comprehensive career counselling)이 그중 하나로, 일본, 노르웨이, 핀란드, 스위스 같은 나라들이 진로 계획을 정규 교육과정 안에 성공적으로 안착시켰다. 가령 스위스의 진로 계획 수업에서는 전체 학생이 다양한 직업과 통상적인 노동시간, 각 직업을 갖는 데 필요한 직업훈련이나 학교교육 경로를 배운다(Mourshed et al., 2013). 피테크 학생들은 세 명의 진로상담사와 교감에게 언제든 도움을 청해 졸업 후 전망에 대한 조언을 구할 수 있다(Golod, 2015). 진로상담을 이런 식으로 전체 교육과정이나 학교 체제 안에 포함시키는 방식은 세계적으로 가장 많이 채택되는 방식이며, 경우에 따라 긍정적인 결과를 보여주었다.

이 접근 방식의 주된 장애요인은, 최소한 미국의 경우만 놓고 보면, 현재 진로 상담을 전담하는 인적 자원이 이처럼 교육과정에 포함된 형태의 진로 상담을 진행하기에 부족하다는 점이다. 현재 학교 상담사들이 담당하는 학생은 평균 약 479명으로, 미국학교상담협회가 권고한 1인당 250명 수준을 훨씬 상회한다(Association for Career and Technical Education: ACTE, 2008). 또 상담사 양성 프로그램에 참여하는 동안 적절한 훈련을 받지 못한 탓에 학생들에게 진로와 교육 계획에 대한 조언을 제대로 하지 못하는 진로상담사들도 많다(ACTE, 2008).

진로 상담을 기존 제도에 끼워 넣는 이런 식의 전략에 대한 대안은 개별 교실 수업 안에 실제 직업에 노출될 기회를 마련하는 것이다. 이런 조치를 통해 학생들은 다양한 직업을 특징짓는 문제해결 방법을 직접 경험할 수 있을 뿐만 아니라 교실에서 배우고 있는 교과과정과 현실 세계의 연관성을 생생하고 분명하게 느끼게 된다. 유초중등 학생들에게는 적합하지 않을 수도 있겠지만, 가령 매사추세츠주 올린공과대학(Franklin W. Olin College of Engineering) 졸업반 학생들은 졸업전 프로젝트로 비정부기구(NGO)부터 《포춘(Fortune)》지 선정 500대 기업에 이르는 다양한 공공 및 민간 부문 주요 기관들과 직접 합작하여 실세계 문제들에 대한 혁신적 해법을 도출한다(Olin College of Engineering, 2006). 그와 유사한 접근법이 유초중등 교육과정에서 진행되는 사례는 훨씬 드물지만, 하이테크하이(High Tech High) 차터스쿨 네트워크 같은 기관의 사례는 학생들이 어떤 식으로 산업계 전문가들과 협력해 실세계 문제를 해결해 볼 수 있는지에 대한 통찰을 제공한다. 하이테크하이 출라비스타(High Tech High Chula Vista)의 재학생 한 팀은 소프트웨어 전문가들로부터 아낌없는 대면 및 온라인 자문을 받으며 웹사이트 구축 오픈소스 소프트웨어인 드루팔(Drupal)을 이용해 지역사회 차량합승 웹사이트를 만들었다(McNamara, 2013). 하이테크하이 네트워크에 재직 중인 교사 중 많은 수가 전직 산업 전문가들이라, 자신들의 인맥을 활용해 객원 강사를 초청하고, 학생들을 위한 인턴십 기회를 마련하고, 교실 학습과 실생활 응용을 명쾌하게 연결시키는 능력을 발휘한다.

3. 고르지 않은 성과: 소프트 스킬(soft skills)

CTE 프로그램이 계발을 꾀하는 기술적 전문성과는 별개로, 오늘날의 지식기반 경제에서 그 중요성을 더해가는 '전이 가능한(portable, transferable)' 기술(한 직업에서 다른 직업으로 전이해 적용할 수 있는 기술을 뜻함―옮긴이)에 주목하는 연구자들도 있다. 소프트 스킬, 21세기 역량, 융합학문(cross-disciplinary) 기술 등, 이 기술을 부르는 이름은 다양하다. 어떤 이름표를 붙이든, 이 역량에 대한 수요는 크다. 페루에서는 고용주들이 사회정서적 역량을 특별히 귀하게 여기는가 하면, 필리핀의 고용주들은 창의성, 주도성, 리더십 같은 중요한 역량을 갖춘 지원자들을 구하기 어렵다고 한탄한다(UNESCO, 2012). 개발도상국에서든 선진국에서든 미래의 직업은 이러한 역량을 필요로 할 것이며, 이를 구비하고 있는 사람들이 경쟁력 있는 위치에 서리라는 것이 점점 더 분명해지고 있다. 이에 비해 고용주와 정책입안자들, 그리고 학교가 이 전이 가능한 역량을 공동 계발할 방법에 대한 일관적인 계획을 갖고 있는지, 혹은 최소한 그 역량들이 정확히 무엇을 일컫는지에 대한 동의안을 마련했는지는 확실치 않다. 전이 가능한 역량을 기르기 위한 현재의 삼자간 제휴는 자율적 협력관계 수준에는 미치지 못하고 있다.

정책입안자

미국 내 여러 주와 여러 다른 나라에서는 전이 가능한 역량들을 어떤 형태로든 가르치려는 시도를 해왔고, 결과는 제각각이었다. 예를 들어 싱가포르 교육부는 2007년 도입 이래로 21세기 역량들을 교육제도에 주입시키기 위한 혼신의 노력을 기울여왔다. 고도로 중앙집권적인 싱가포르의 교육제도 덕분에 정책입안자들과 교육과정 개발자들은 교육공학을 이용한 수업에서 인격 형성을 위한 교육에 이르는 전체 학교생활의 모든 부분에 21세기 역량을 포함시킬 수 있었다(Liew, 2013). 이러한 노력은 긍정적 결과를 냈고 마이클 바버 경(Sir Michael Barber) 같은 외부 전문가들에게서 찬사를 듣기도 했지만, 싱가포르 국내의 논평가들은 유연하고 주관적인 성격의 21세기 역량과 자국 전통의 고부담 시험 체제 사이의 어쩔 수 없는 긴장을 묵과하지 못했다(Davie, 2016).

미국의 정책입안자들이 전이 가능한 21세기 역량에 접근한 방식 역시 그와 유사한, 그러나 보다 심각한 긴장을 내포하고 있다. 한편에서는 P21(Partnership for 21st Century Learning) 컨소시엄이 각 주를 설득해 P21 리더십 주로 가입시키고(지금까지 20개 주가 가입함), P21 시범학교의 수도 늘리려 애쓰고 있다. 이들 시범학교는 21세기 역량을 교실에서 가르칠 때 어떤 일이 벌어질지 알고자 하는 사람들에게 탁월한 본보기로 소개된다(P21, 2016). 그러나 다른 한편에서는 모든 학생이 사전에 정해진 능력 기준에 도달할 것을 요구하는 시험 기반 책무성 체제가 기세를 얻고 있다. 살베리(Sahlberg, 2012)는 이를 가리켜 반어적으로 세계교육개혁운동(Global Education Reform Movement), 줄여서 GERM('세균'-옮긴이)이라고 부른 바 있다.

고용주

전 세계 고용주들은 한목소리로 이러한 전이 가능한 역량들을 요구하고 있다. 액센츄어(Accenture) 같은 대기업의 경우, 조직의 규모나 직원들에게 요구되는 지리적·업무적 이동성을 감안하면 전이 가능한 역량들이 중요할 수밖에 없다(Nanterme & Carmichael, 2015). 대기업 직원들은 팀원으로 일할 수 있어야 하고, 적응이 빠르고 적극적이어야 하며,

기업문화와 변화를 받아들이는 데 능숙해야 한다. 물론 소규모 기업이나 혁신의 선두에 선 스타트업에도 동일한 역량은 필요하다. 하지만 이 역량에 대한 수요를 공유하고 있더라도, 이 역량들이 실제 어떻게 발현되겠는가에 대해서는 고용주들 간 의견이 일치하지 않을 듯하다.

교육제도가 변화의 속도와 범위를 따라잡을 수 있으려면, 고용주들이 이러한 역량의 정의에 합의를 보고 교수 표준을 설정하기 위한 대화에도 나서야 한다. 그 과업을 성공적으로 이룬 독일과 스위스 같은 나라에서는, 고용주들이 교육과정 결정 과정에서 중요한 역할을 맡는다. 일부 고용주들이 제기하는 인재 유출이나 기업의 핵심 기술 유출에 대한 우려는 승자 없이 모두가 패하는 상황을 만들 뿐이다. 매사추세츠 주의 경우, 고용주들이 교육과정 설계에 직접 참여함으로써 학생들에게는 적절한 역량을 가르치고 그들 자신에게는 회사를 키워 나갈 적실한 인재가 공급되도록 할 수 있었다.

학교

기업에서 21세기 역량을 어떻게 정의할 것인가에 대해 의견일치를 보지 못한 까닭에 본의 아니게 엇갈린 신호를 받게 된 학교에서, 교육자들은 유행에 따라 이 역량 저 역량을 좇고 있는 실정이다. 하지만 그렇다고 모든 비난을 기업에만 돌릴 수는 없다. 교육자들이 각자의 지역에 있는 고용주들과 접촉하고, 교육이란 현실 세계와 동떨어진 채 교실이라는 상아탑 안에 존재한다는 통념을 폐기하는 것 또한 중요하다.

자율적 협력관계를 통해 업계 사정에 밝아지면, 차후의 심화 연구에서는 산업에 필요한 역량을 더 잘 가르칠 수 있는 교수법이 무엇인지도 밝혀낼 수 있을 것이다.

결론

"학교는 학생들을 미래 직업세계에 제대로 준비시킬 수 있는가?"라는 질문은 그 자체가 단순치 않다. 따라서 이 장에서는 다음과 같은 질문, 즉 "취업준비 교육은 왜 중요한가?", "우리는 경험으로부터 무엇을 배울 수 있나?", "미래에는 학교와 일터가 어떤 식으로 긴밀한 관계를 맺을 것인가?"에 근거해 논의를 펼쳤다.

대부분의 고등교육에서는 교육의 경제적 목적보다는 사회문화적 목적이 더 강조되고 있기는 하지만, 현실의 많은 사례들뿐 아니라 믿을 만한 연구 결과들도 학교와 일터의 긴밀한 관계에 초점을 두는 것이 오늘날의 학생들에게 도움이 되리라는 주장을 뒷받침한다. 물론 학술적으로든 실제적으로든 반대 의견에도 나름의 가치가 있다. 한편으로 보면, 아직 상황이 전개되지 않았다는 점에서 미래의 계획에는 확실성이 없다. 특정한 구체적 제안들은 코앞에 닥친 미래에서조차 적용이 어려울 수도 있다. 또 한편, 너무 일반적인 제안들은 시의성을 잃어버리기 쉽다. 이에 따라 우리는 다양한 맥락에서 적용 가능한 제안을 제시하되 적절한 취업 준비교육을 막는 교육제도의 장애물을 구체적으로 지적하는 방식을 취했다.

결국, 이 장에서 제기한 애초의 질문은 다양한 개인이나 집단에 따라 서로 다른 의미로 해석될 수 있을 것이다. 따라서 각자의 관점에 따라 초점이 달라질 수 있다. 그러나 이처럼 거대한 질문은 한두 명의 이해관계자가 감당할 과제일 수 없다. 이에 우리는 긴밀한 협력관계 접근법에 무게중심을 두고, 이러한 방식이 교육제도 설계자들의 생각을 안내하고 학생과 고용주를 서로 연결시키는 다리가 될 수 있기를 희망한다.

참고문헌

AC Nielsen Research, & Department of Education, Training and Youth Affairs, Australia. (2000). *Employer satisfaction with graduate skills: research report* (TD/TNC 62.120). Retrieved from VOCEDplus: http://www.voced.edu.au/content/ngv%3A13863

Association for Career and Technical Education (ACTE). (2008, December). *Career and technical education's role in career guidance*. Retrieved from https://www.acteonline.org/WorkArea/DownloadAsset.aspx?id=2095

Candy, P. C., & Crebert, R. G. (1991). Ivory tower to concrete jungle: The difficult transition from the academy to the workplace as learning environments. *The Journal of Higher Education, 62*(5), 570. doi:10.2307/1982209

Crebert, G., Bates, M., Bell, B., Patrick, C.-J., & Cragnolini, V. (2004). Ivory tower to concrete jungle revisited. *Journal of Education and Work, 17*(1), 47.70. doi:10.1080/1363908042000174192

Davie, S. (2016, January 19). Learning for life? Policies, parents need to change too. *The Straits Times*. Retrieved from http://www.straitstimes.com/opinion/learning-for-life-policies-parents-need-to-change-too

Gardner, H., Csikszentmihalyi, M., & Damon, W. (2002). *Good work: When excellence and ethics meet*. United States: Basic Books.

Golod, A. (2015, June 2). Proving P-TECH success: Students graduate with diploma and tech degree. *U.S. News*. Retrieved from http://www.usnews.com/news/stem-solutions/articles/2015/06/02/proving-p-tech-success-students-graduate-with-diploma-and-tech-degree

Hoffman, N., & Schwartz, R. (2015). *Gold standard: The Swiss vocational education and training system*. Retrieved from http://www.ncee.org/wp-content/uploads/2015/03/SWISSVETMarch11.pdf

Honwana, A. (2014). "Waithood": Youth transitions and social change. In D. Foeken, T. Dietz, L. Haan, & L. Johnson (Eds.), *Development and equity: An interdisciplinary exploration by ten scholars from Africa, Asia and Latin America* (pp. 28-40). Leiden, The Netherlands: Brill.

Jamrisko, M. (2015, June 9). *Job openings outpace hiring in U.S. for first time on record*. Retrieved from http://www.bloomberg.com/news/articles/2015-06-09/job-openings-in-u-s-rose-more-than-forecast-in-april

JPMorgan Chase & Co. (2016). *Building*

pathways to success. Retrieved from https://www.jpmorganchase.com/corporate/Corporate-Responsibility/document/JPMC_NSFY_brochure_AW4_accessible.pdf

Liew, W. (2013). *Development of 21st century competencies in Singapore* [PowerPoint slides]. Retrieved from https://www.oecd.org/edu/ceri/02%20Wei%20Li%20Liew_Singapore.pdf

Mayyasi, A. (2013, June 27). *The IIT entrance exam*. Retrieved from http://priceonomics.com/the-iit-entrance-exam/

McNamara, T. (2013). Solving real-world problems with open source software. *UnBoxed*. Retrieved from http://www.hightechhigh.org/unboxed/issue10/open_source_software/

Mejia, N., Perez-Arce, F., Lundberg, M., Munshi, F., Bangladesh, S. M., Rubio, & J. Solutions for Youth Employment (S4YE). (2015). *Toward solutions for youth employment: A 2015 baseline report*. Retrieved from http://www.ilo.org/wcmsp5/groups/public/---ed_emp/documents/publication/wcms_413826.pdf

Ministry of Manpower, Singapore. (2016, April 28). *Summary table: Unemployment*. Retrieved May 16, 2016, from Ministry of Manpower, http://stats.mom.gov.sg/Pages/Unemployment-Summary-Table.aspx

Mourshed, M., Farrell, D., & Barton, D. (2013). *Education to employment: Designing a system that works*. Retrieved from http://mckinseyonsociety.com/downloads/reports/Education/Education-to-Employment_FINAL.pdf

Nanterme, P., & Carmichael, S. (2015, December 3). *Accenture's CEO on leading change*. Retrieved from https://hbr.org/ideacast/2015/12/accentures-ceo-on-leading-change.html

Oakes, J. (2005). *Keeping track: How schools structure inequality* (2nd ed.). New Haven, CT: Yale University Press.

OECD. (2016). *Youth not in employment, education or training (NEET)* (indicator). doi: 10.1787/72d1033a-en

Olin College of Engineering. (2016, May 11). *Senior capstone program (SCOPE)*. Retrieved from Olin College of Engineering, http://www.olin.edu/collaborate/scope/

P21. (2016). *P21: Partnership for 21st century learning*. Retrieved from http://www.p21.org/index.php

The Press Trust of India. (2015, June 17). DU admissions: You need 99 per cent to study English at St Stephen's College. *The Indian Express*. Retrieved from http://indianexpress.com/article/india/india-others/2015-16-admissions-st-stephens-announces-first-cut-off-list-english-highest-at-99-per-cent/

Rivkin, J. (2014, February). *Partial credit: How America's school superintendents see business as a partner.* Retrieved from http://www.hbs.edu/competitiveness/Documents/partial-credit.pdf

Robinson, K., & Aronica, L. (2010). *The element: How finding your passion changes everything.* London, UK: Penguin Books.

Sahlberg, P. (2012, June 30). *How GERM is infecting schools around the world.* Retrieved from http://pasisahlberg.com/text-test/

Smith, H. (2013, September 25). Austerity measures push Greek universities to point of collapse. *The Guardian.* Retrieved from http://www.theguardian.com/world/2013/sep/25/austerity-measures-push-greek-universities-collapse

Symonds, W., Schwartz, R., & Ferguson, R. (2011, February). *Pathways to prosperity: Meeting the challenge of preparing young Americans for the 21st century.* Cambridge, MA: Pathways to Prosperity Project, Harvard University Graduate School of Education. Retrieved from https://dash.harvard.edu/bitstream/handle/1/4740480/Pathways_to_Prosperity_Feb2011-1.pdf?sequence=1

UNESCO. (2012). *Youth and skills: Putting education to work.* Retrieved from http://unesdoc.unesco.org/images/0021/002180/218003e.pdf

U.S. Department of Commerce, Bureau of Economic Analysis. (2016, March 24). *Massachusetts.* Retrieved from https://bea.gov/regional/bearfacts/pdf.cfm?fips=25000&areatype=STATE&geotype=3

U.S. Department of Labor, Bureau of Labor Statistics. (2016, May 12). *College enrollment and work activity of 2015 high school graduates.* Retrieved from http://www.bls.gov/news.release/hsgec.nr0.htm

Wang, Y. (2012, January). *Education in a changing world: Flexibility, skills, and employability.* Retrieved from http://www-wds.worldbank.org/external/default/WDSContentServer/WDSP/IB/2012/05/23/000356161_20120523022400/Rendered/PDF/691040WP00PUBL0ability0WEB050110120.pdf

World Bank. (2016). *Unemployment, youth total (% of total labor force ages 15-24)* (modeled ILO estimate). Retrieved from http://data.worldbank.org/indicator/

SL.UEM.1524.ZS

World Economic Forum. (2016). *The future of jobs employment, skills and workforce strategy for the fourth industrial revolution.* Retrieved from http://www3.weforum.org/docs/WEF_Future_of_Jobs.pdf

제8장 고등교육이 거래적 성격을 가져도 좋은가?

재커리 골드먼, 웬 추, 랜디 타르노위스키

우리는 직접 겪은 고등교육 경험을 되돌아보고 개인적으로나 직업적으로 향후 밟아갈 단계를 대비하면서, 세계 교육의 난제에 관한 이 연구와 집필 경험을 통해 알게 된 사실을 계속 곱씹어 본다. 진로상담소를 방문하고 최신 면접 정보를 공유하고 자기소개서 쓰기에 관한 팁을 전해주면서, 우리는 마주하기 겁나는 의문을 똑같이 품고 있음을 깨달았다. 바로 '내 학위는 실제로 얼마나 가치 있는가?'라는 의문이었다.

우리는 교육학 대학원생으로서 조금 심란해졌다. 교육이란 값으로 매길 수 없는, 질적인 변화를 가져오는 경험이어야 하지 않을까? 고등교육을 투자 대비 수익의 관점에서 생각하는 게 과연 옳은가? 우리는 모두 '대학은 학생이 자신의 개성, 세상 속에서 자신의 자리, 그리고 자기만의 독특한 적성을 발견할 수 있도록 도움을 주어야 한다'(Howard, 2013)는 미국주립대학협회(American Association of State Colleges and Universities, AASCU) 대표 뮤리얼 하워드(Muriel A. Howard) 박사의 말에 동의한다. 마찬가지로, '일반 교양교육(liberal education, 직업교육이나 전문교육에 대비되는 개념—옮긴이)의 지향점은 힘, 지혜, 관용, 연대의 자유를 얻는 것'(Cronon, 1998)이라고 한 윌리엄 크로논(William Cronon)의 주장에도 공감한다. 우리는 공공선을 위해 이루어지는 개인적인 변화의 경험을 교육이라고 본다.

하지만 우리는 미국과 중국 출신 학생으로서 각자 학부와 대학원 과정을 마치느라 재정보조 및 성적우수 장학금과 보조금 말고도 모두 합쳐 46만 달러 이상 지출했다는 사실도 깨달았다. 그 가운데 상당 부분은 대출금으로, 우리가 머지않은 장래에 이자와 함께 상환해야 할 돈이다. 물론 우리만 그런 건 아니다. 대학 진학 및 성공 연구소(Institute of College Access and Success)에 따르면, 2014년에 공립 또는 비영리 대학을 졸업한 학생들의 69퍼센트가 1인당 평균 2만 9,000

달러에 가까운 학자금 대출을 안고 있었다. 사실 졸업식 바로 전 주에는 소형 비행기 한 대가 낮은 이자의 학자금 대출로 갈아타라는 선전 문구를 나부끼며 도시 상공을 맴돌았었다. 많은 학생이 빚을 떠안은 채 학위도 받지 못하고 학교를 떠나는 현실을 고려할 때, 우리는 졸업을 했고 상당히 좋은 학교에 다녔던 것을 깊이 감사하고 있다. 부채 수준이 비슷한 학생들 대다수가 그 정도로 운이 좋지는 않다.

흔히 고등교육은 모든 사람에게 주어지지는 않는, 어떤 특별한 서비스로 여겨진다. 이 부분은 이번 장이 이전 장들과 구별되는 핵심적인 차이이다. 앞에서는 주로 공적 기금으로 지원되는 유초중등(K-12) 의무교육에 초점을 두었다. 일반적으로 사람들은 학업적인 자질이 인정되고 동시에 재정적인 능력이 있을 때 비로소 고등교육을 선택할 수 있다. 실제로 2014년의 통계 자료에 따르면(National Center for Education Statistics, 2016), 미국 인구의 34퍼센트만이 29세에 도달할 때까지 준학사나 학사 학위를 취득하였다. 고등교육 참여 여부에 대한 선택 말고도 일부 학생들은 무엇을 공부할지, 어디에서 공부할지 등 여러 가지 선택을 내리게 되는데, 특히 후자의 경우에는 초중등 학교 때보다 훨씬 넓은 지역 범위를 그 대상으로 한다.

특히 미국에서 값비싼 고등교육에 참여하는 학생들이 많아짐에 따라 고등교육을 경제적 투자의 관점에서 보려는 인식의 틀이 강조되고 있다. 많은 젊은이들이 "나는 특정 고등교육 기관의 서비스를 받기 위한 대가로 얼마간의 돈과 시간을 지불할 것이다."라고 생각한다. 여러 가지 옵션에 따르는 비용과 수익을 비교할 때처럼, 학생들은 학습 경험의 여러 측면과 그것이 자신에게 개인적, 학업적, 직업적, 지리적으로 적합한지 가늠해 본다. 선택한 프로그램에 대한 재정적 비용과 이득도 고려한다. 사람들은 이러한 선택을 할 때 마음속으로 다음과 같이 자문하기 시작한다. "내가 이 프로그램에 등록할 경우 무엇을 얻을 수 있지?"

그런데 우리가 고등교육을 이처럼 거래하듯이 생각하는 것이 옳은 일일까? 독일과 스칸디나비아 국가 같은 지역에서는 고등교육에 대한 공적 지원을 바탕으로 하여 개인들이 훨씬 적은 재정적 부담으로도 교육을 받을 수 있는 여건이 마련되어 있다. 그러한 맥락에서는 고등교육의 거래적 성격이 덜하다고 할 수 있을까? 만일 그렇다면 그것을 긍정적이라고 해야 할까?

고등교육의 거래적 성격

고등교육이 예전부터 어느 정도 경제적 거래를 바탕으로 해왔음은 분명한 사실이다. 학생 또는 학자금을 대주는 사람은 특정 기관에서 공부할 기회를 얻는 대가로 수업료를 지불한다. 고등교육 학비가 무상이거나 대부분 지원되는 덴마크, 핀란드, 슬로베니아 등의 지역에서조차 학생들은 저금리 대출금이나 보조금 형태의 지원을 받는다. 하지만 고등교육에 대한 이런 거래적 시각이 예전부터 존재했다고 하더라도, 지난 30년에 걸쳐 고등교육을 둘러싼 이해관계가 눈에 띄게 달라져 이 거래적 관점이 나머지 관점을 뒤덮어버리다시피 했다.

〈표 8-1〉에서 우리는 학생, 가족, 고등교육기관, 정부 등의 이해관계자가 고등교육을 이런 식으로 생각하게끔 몰아붙인 두 가지 트렌드를 확인할 수 있다. 첫째, 지난 몇십 년 동안 고등교육기관의 내부 비용 증가와 공적 지원 축소 때문에 대학들은 시장 중심적인 방식으로 처

신하며 특히 학생들을 잠재적인 영리 추구의 대상으로 볼 수밖에 없었다. 둘째, 대출 부채의 급격한 증가와 경쟁 심화로 인해 학생들은 더욱 투자에 따른 수익이라는 시각으로 고등교육을 바라보게 되었다.

수준	변화 요인	결과
A. 기관 수준	국고 지원 감소, 비용 증가, 입학생과 수요 증가	대학이 학생을 영리 추구 대상으로 보게 됨
B. 개인 수준	직업에 대한 다양한 요구, 학자금 대출 및 실업률 증가	투자 대비 수익(ROI) 시각

〈표 8-1〉 고등교육에 대한 거래적 관점을 불러온 두 가지 트렌드

학생을 영리 추구 대상으로 보는 대학들

개인과 가족이 짊어져야 할 대출 부담이 점점 커질 뿐만 아니라 대학에 다니는 학생들이 갈수록 늘어난다는 점에서 오늘날의 고등교육은 거대한 사업임을 부정하기 어렵다. 지난 20년 동안 고등교육 인구는 극적으로 늘어났으며, 2000년에서 2007년 사이만 보더라도 50퍼센트 넘게 확대되었다(Altbach, Reisberg, & Rumbley, 2009). 이러한 폭발적 성장에 따라 대학들은 다양한 학생들을 지원할 수 있는 역량을 구비해야 했다. 미국 고등교육 기관들이 2009년에 얻은 전체 수입 규모는 미국 GDP의 3.6퍼센트에 맞먹는 총 4,970억 달러로 추산되며, 이는 연방정부의 보조금과 대출금 1,440억 달러가 포함된 금액이다(Department of the Treasury and Department of Education, 2012). 학생들을 지원하고 거기에 따르는 교육 비용을 충당하기 위해 수입을 충분하게 확보하는 일은 누가 뭐래도 대학들의 핵심적인 관심사일 수밖에 없다. 하지만

오늘날의 세계 경제 맥락에서 학생 등록금을 단순히 교육 개선이라는 목적에 따르는 수단이 아니라 그 자체를 최우선순위로 보려는 경향이 점차 증가하고 있다.

그 한쪽 극단에 영리 목적 사립대학들이 있다. 이들의 존재 목적은 학생들로부터 경제적 수익과 이윤을 창출하는 것이다. 이러한 기관들이 존재한다는 사실은 곧 전통적인 비영리 공·사립 고등교육기관들만 가지고는 충족되지 않는 욕구를 지닌 학생 인구가 있음을 시사한다. 일부 영리 목적 대학들은 정말 윤리적으로 학생들에게 다른 곳에서는 접할 수 없는 프로그램들을 제공하고 있으며, 일부 학생들은 이 프로그램을 성공적으로 이수하여 보수가 더 높은 일자리를 얻거나 상급 교육을 받을 수 있는 역량을 습득하기도 한다. 하지만 이들 중 다수의 대학은 이수율이 극도로 낮아 학생들이 많은 빚을 떠안은 채 학교를 떠나고 있으며, 다른 대학들에 비해 학자금 대출 이자 연체율이 상당히 높다. 대개의 경우 입학 당시부터 학생들의 자질이 낮은 편이라는 사실이 기대와 다른 이러한 결과를 조금이나마 설명해준다. 하지만 학생 입장에서는 빚을 얻어 입학했는데 졸업에 성공하지 못하면 차라리 입학하지 않은 것보다 경제적으로 더 어려워지는 경우가 많다. 몇몇 영리 목적 대학들은 비합법적인 방법을 통해 학생들을 추가로 모집하기도 했다(Deming, Goldin, & Katz, 2013). 이러한 대학들의 경우, 각 학생에게서 취하는 수익은 그 자체가 목적이며 학습에 대한 대가로 보기 어렵다.

하지만 수익에 초점을 두고 있다는 점이 영리 추구 대학들만의 특징은 아니다. 비영리 공·사립 고등교육기관들 역시 학교를 유지하기 위해 수익활동에 더 깊이 몰두할 수밖에 없다. 고등교육에 대한 정부의 지원금이 줄어들고 있기 때문에 수지타산을 맞추는 일 자체가 시급한 상황이다. 미국교육협의회에 의하면(Mortenson, 2012) 노스다코타와 와이오밍을 제외한 모든 주에서 1980년 회계연도과 2011년 회계연도 사이 고등교육에 대한 지원금이 14.8퍼센트에서 69.4퍼센트까지 삭감되었다. 이에 대응하여 비영리 고등교육 기관들은 여러 가지 비용 절감 수단을 강구했다. 계약직 강사와 대학원생 교수진에 의존하는 경우가 증가하고, 강의나 학과를 없애기도 했다(Oliff, Palacios, & Leachman, 2013). 이 외에도 비영리 기관들은 더욱 노골적으로 수입원을 찾아 나섰는데, 대표적인 것이 학생 등록금이다.

미국 대학들이 안정된 수입원을 찾고자 하는 노력은 해외로도 확장되었는데, 때로는 이것이 논란을 초래하기도 하였다. 2016년 「뉴욕타임스(New York Times)」(Saul, 2016)는 몇몇 미국 대학들이 외국 기업들과 손잡고 미심쩍은 마케팅 방법과 부당한 장려금을 동원해 학비 전액을 자비 부담하는 외국인 학생을 유치하려고 시도한 사례를 보도했다. 허위 광고에 대한 우려 외에도, 이런 방식으로 모집된 학생 중 다수는 이후에 입학하게 될 미국 대학에서 성공적으로 학업을 이어갈 학문적 혹은 언어적 자질이 없는 것으로 나타났다. 고등교육기관들이 외국 유학생을 모집해야 할 타당한 교육학적 이유가 있을 수 있고 또 대개는 합법적인 방식으로 그렇게 하지만, 적어도 잠재적인 수익이 그런 일을 강행하게 만드는 하나의 요소라는 점은 확실하다. 하지만 명백히 윤리에 어긋나지 않는 상황이라도 학생들을 어느 정도까지 영리 추구 대상으로 생각해야 하는가에 대해서는 의문이 들지 않을 수 없다. 어떤 대학이 넉넉한 등록금 수입을 얻기 위해 학생들을 모집하려고 할 경우, 그것이 대학이 선언한 교육적 동기에 부합하는지에 의구심이 생기는 것은 당연하다.

이처럼 외국 유학생을 수익의 원천이라는 측면에서 주목하는 것이 고등교육 기관들만의 일은 아니다. 정부 역시 외국 유학생들의 유입이 갖는 재정적 함의를 점점 더 의식하고 있다. 이것은 국가의 경제적 관점과 관련하여 부상하고 있는 하나의 트렌드이기도 하다. 즉 고등교육에 의존하여 자국의 시민들을 세계 노동시장에서 경쟁력을 갖춘 일꾼으로 키워낼 뿐만 아니라, 고등교육을 다른 나라에도 수출 가능한 서비스로 만들려는 추세가 증가 중인 것이다.

수입과 수출이라는 인식의 틀은 보통 한 나라에서 생산되어 다른 나라의 구매자들에게 팔리는 재화나 서비스를 지칭한다. 예를 들어, 호주는 교육의 주요 수출국이다. 외국 유학생이 호주 대학에 입학할 경우 실제로 서비스를 받기 위해 학생들이 호주로 오더라도, 본질적으로는 대학이 교육을 하나의 서비스로서 다른 나라 학생들에게 파는 것이다.

수출과 수입을 하는 국가들에게 고등교육 부문의 무역 균형은 경제적으로 큰 의미를 가질 수 있다. 2014년의 경우 호주 고등교육기관에 등록한 학비 전액 자비 부담 외국 유학생들은 거의 60만 명에 이르고 있었는데, 이들이 내는 수업료 총액 117억 호주 달러(미화 90억 달러)는 고스란히 호주의 소득이 되었다(Xinhuanet News, 2015). 이에 따라 해외 유학생을 위한 고등교육은 호주의 가장 큰 서비스 수출 품목이며, 전체 수출 품목을 통틀어서도 철광석과 석탄, 천연가스에 이어 네 번째로 규모가 크다. 이와 유사하게, 2014-2015학년도에 외국 유학생들이 미국 경제에 기여한 금액은 무려 305억 달러에 달했다(Zong & Batalova, 2016). 반면, 중국은 2014년 현재 50만 명 가까운 학생들을 미국, 영국, 호주 및 기타 여러 나라의 고등교육 기관에 유학시켜 부정할 수 없는 최대 수입국이 되었다. 이 학생들 중 92퍼센트는 자비 유학생들이었다.

고등교육비가 상승함에 따라 세계 각국의 교육기관과 정부는 점점 더 학생들을 잠재적인 수익원으로 보고 있으며, 경제적인 측면에서 고등교육을 핵심적인 국가 산업으로 생각하고 있다. 고등교육에 대한 지출 증가는 고등교육 기회의 확대와 질 제고로 이어질 수 있기 때문에 고등교육 부문에 대한 대규모 지출은 여러 가지로 유익할 수 있다. 하지만 그 돈이 무엇을 위해 쓰이는지, 실제로 학습의 질은 어떤지, 그리고 누가 교육에 대한 경제적 부담을 지는지 따져볼 필요도 있다. 교육기관과 정부가 경제적 부담을 대출금 형태로 학생들에게 지게 하면 할수록 학생들은 점점 더 고등교육을 경제적 측면에서 바라보게 될 것이다. 이것은 고등교육에 대한 거래적 관점을 확산시키는 두 번째 핵심 요인이다.

교육의 질이 학생들의 경제적 투자수익률로 환원될 수 있다는 가정

지금까지 우리는 고등교육의 경제적 비용을 짚어보고, 학생, 고등교육기관, 국가 경제가 수업료와 기타 학비에 지출되는 비용의 경제적 파급력을 어떻게 바라보는지 살펴보았다. 학생들의 시각에서 볼 때, 갈수록 증가하는 수업료는 낮은 평균 임금 및 대학 졸업자의 높은 실업률과 겹쳐져 학생 개인의 소득 잠재력 형태로 나타나는 고등교육의 경제적 결과에 점점 더 관심을 집중하게 만드는 결과를 가져왔다(Davis, Kimball, & Gould, 2015). 실제로 대출 부채의 증가와 경쟁의 심화로 인해 학생들이 투자 대비 수익이라는 렌즈를 통해 고등교육을 보는 경향이 심화되었다. 코넬대학교와 아이오와대학교에서 총장을 지낸 헌터 롤링스(Hunter Rawlings)는 최근 「워싱턴 포스트(Washington Post)」지에 기고한 다소 자극적인 글에서 이러한 현상에 대해 많은 대학 지도자들이 제기했던 비판에 호응하는 의견을 피력하였다. "오늘날 고등교육에 관한 대부분의 공적인 논의를 보면, 마치 학생들이 베스트바이(Best Buy, 미국의 전자제품 판매점 체인—옮긴이)에서 텔레비전을 사 가지고 나오듯이 대학교육을 받는 것처럼 말하고 있다(Rawlings, 2015)." 롤링스와 같은 사람들이 지적하고 있는 부분은, 오늘날의 대학교육이 학생들의 비판적 사고력을 키워주는 대신 소비자로서의 학생과 공급자로서의 대학이라는 모델을 통해 고등교육의 질을 악화시켰다는 점이다.

롤링스의 말은 많은 학생과 그 가족들이 고등교육을 보는 관점과 정확하게 맞닿아 있다. 2011년에 미국에서 실시된 여론조사에 따르면 86퍼센트의 응답자들이 학생들이 대학에 가는 이유가 돈을 더 벌거나 좋은 직업을 얻기 위해서라고 답했다(English, 2011). 여기엔 많은 진실이 담겨 있다. 상급학교 졸업장을 갖게 된 많은 사람들은 분명 소득 잠재력이 극적으로 높아지며, 대학을 졸업한 학생들은 실업률이나 불완전 취업률이 확연히 낮다. 반면, 대학에 가는 것이 이처럼 돈 벌 수 있는 잠재력과 고용률의 차이를 만들어내는 요인인지는 확실하지 않다는 점도 유의할 필요가 있다. 하지만 롤링스를 비롯한 비판론자들의 요지는 많은 이들이 고등교육의 일차적 목적으로 고용 전망을 내세운다는 점이다. 학생들은 경제적인 성공에 도움이 될 거라 생각되는 프로그램을 선택하고자 하고, 대학은 졸업생들의 수입을 내세우며, 정부는 대학 졸업자가 많을수록 고액 연봉 일자리가 늘어난다는 거시 경제적 이익을 강조한다. 예를 들어, 2012년 2월에 열린 전국 주지사협회 회의(The White House, 2012)에서 오바마 대통령은 미래의 일자리를 채우기 위해서는 고등교육을 받은 사람들이 더 많아져야 할 필요가 있다는 이유를 들어 고등교육을 당장 주목해야 할 영역으로 꼽았다. 주 단위에서 나온 발언은 더욱 노골적이다. 플로리다 주지사 릭 스코트(Rick

Scott)는 공적 기금과 일자리 성과를 연계시키고자 다음과 같이 말한 것으로 유명하다(AACRAO, 2015). "내가 시민들에게 세금을 걷어 교육에 투입하는 것은 곧 그 돈을 일자리 창출에 쓰는 것이다. 나는 사람들이 우리 주에서 일자리를 얻을 수 있는 학위에 그 돈이 쓰이기를 바란다. 더 많은 인류학자를 배출하는 일이 우리 주의 사활이 걸릴 정도로 큰 이익인가? 나는 그렇게 생각하지 않는다."

이처럼 실제적인 고용 성과에 초점을 두려는 경향이 미국에 국한된 것은 아니다. 예를 들어 나미비아 전국 고등교육협의회는 졸업생들이 시장의 요구에 대응하는 적절한 역량을 갖추어야 하며, 고등교육기관들이 일자리 시장의 최근 트렌드에 잘 어울리는 미래 노동자를 길러내어 성장과 발전을 주도해야 한다는 목표를 명확하게 제시하고 있다.

학생이 얻게 될 미래의 경제적 성과에 초점을 둔다는 생각을 논리적 극단으로 몰고 가면, 페이스케일(PayScale)과 같은 몇몇 단체들처럼 학교 재학생들을 기준으로 교육기관의 경제적 투자수익률을 평가하게 된다. 비즈니스 잡지사 포브스(Forbes)는 가장 좋은 대학이란 관대한 마음으로 모교에 기부금을 내지 않을 수 없을 만큼 커리어 내내 돈을 많이 벌고 성공한 사람들을 길러내는 학교라는 생각을 바탕으로 대학의 순위를 매긴다(Forbes, 2016). 이 때문에 비영리 사립대학의 비즈니스 모델은 미래의 기부자가 될 만한 최고의 재목을 입학시키고 배출하는 것이 전부인 것처럼 보인다. 아이러니하게도 포브스가 2015년에 게재한 트로이 오닝크(Troy Onink)의 사설에는 포브스와 같은 단체들이 매긴 투자수익률(ROI) 서열을 비판하는 내용이 담겨 있었다(Onink, 2015). 이 글에서 필자는 평균 투자수익률을 바탕으로 한 서열화는 너무 큰 개인 간 편차로 인해 별로 유용하지 않다고 주장하는 한편, 학생 자신의 개인적 투자수익률을 평가하는 몇 가지 대안적인 방법을 제시했다. 그러나 이러한 비판에서조차 학생의 투자수익률이 중요하다는 기본 가정이 그대로 유지되고 있다.

대학이 수지타산을 생각하는 것이나 국가가 무역 수지 흑자를 바라는 것이 잘못이 아니듯, 학생들이 자기 돈벌이를 생각하는 것도 잘못이 아니다. 그러나 직업을 얻기 위해 고등교육을 받는 데 따른 부담과 비용, 그리고 거기에 수반되는 부채가 너무 많으면, 이처럼 고등교육의 거래적 성격에 초점을 두려는 경향이 고등교육에 대해 사람들이 가지고 있던 교육학적이고 발전지향적인 목표들을 대체할 수 있다. 경제적 측면에 대한 고려가, 공공선을 진작시키고 현명한 시민을 길러낸다는 좀 더 포괄적인 사회적 목표들을 앞서고 결국 대신할지도 모른다.

국제적 차원의 대안들

우리는 지금까지 미국에서 고등교육에 대한 거래적 관점을 확산시키는 두 가지 트렌드를 검토해 보았다. 이러한 흐름은 국제적인 맥락에서는 어느 정도의 영향을 미치고 있을까? 다른 나라에서도 정부와 대학들이 비슷한 방식으로 대응해 왔을까? 미국의 저명한 정치가와 입법자들 역시 이러한 의문을 제기했고, 그들 중 다수는 유럽 시스템을 모델로 삼자는 입장을 보였다. 예를 들어 2016년 민주당 대통령 후보로 나선 버니 샌더스(Bernie Sanders)는 경쟁이 심화된 세계 경제와 현재 미국 대학생들을 짓누르는 산더미 같은 빚을 언급하면서 4년제 무상 공립 대학이 그렇게 급진적인 생각은 아니라고 주장하였다(Sanders, 2016). 다음은 샌더스의 말이다. "독일은 매년 1,300달러를 학생에게 부담시키면 독일인들이 대학에 가는 것을 꺼리게 될 것이라고 생각해 수업료를 없애버렸다. 핀란드, 노르웨이, 스웨덴 그리고 그밖에 세계의 여러 나라 역시 모든 시민에게 고등교육을 무상으로 제공하고 있다." 이들 나라가 학생들에게 그러한 기회를 제공하기 위하여 각기 다른 종류의 타협을 했다는 점은 눈여겨 볼만하다. 경제부 기자 맷 필립스(Matt Phillips, 2013)는 이에 관하여 다음과 같이 썼다. "학자금 대출은 해묵은 문제에 대한 우리의 해결책일 뿐이다. 그것은 현재 인적자산의 생산성이 너무 낮아 구조조정을 위해 사회가 재정을 투입하는 하나의 방식이다. 우리의 미래를 책임질 사람들은 젊은이들이기 때문이다." 나라마다 다른 해결책이 있으며, 각각의 해결책마다 나름의 장단점이 있다.

스웨덴은 시민들에게 전면 무상으로 고등교육을 제공하는 일곱 나라 중 하나이다. 우리는 수십만 달러의 빚을 안고 졸업하면서, 스웨덴으로 이사 가서 수준 높은 연구 중심 대학에서 빚 걱정 없이 학위를 받는다면 얼마나 좋을까 꿈꾸어보았다. 하지만 스웨덴의 높은 생활비와 부모의 지원을 받지 않는 전통 때문에 이곳 학생들도 많은 빚을 짊어진 채 졸업한다는 것을 알고는 우리의 순진함을 깨달았다. 실제로 스웨덴 학생들의 85퍼센트가 빚을 안고 졸업하는 데 비해 미국 학생들은 50퍼센트에 그친다. 게다가 갓 졸업한 스웨덴 학생들은 수입 대비 부채 비율이 약 80퍼센트여서 선진국 중에서도 가장 높은 편이다. 단순하게 스웨덴식의 무상 고등교육 모델을 채택한다고 해서 자동으로 학생의 빚 부담이 가벼워지는 것은 아니다.

특히 미국과 영국의 많은 교육자와 정책입안자들은 스웨덴과 마찬가지로 독일을 하나의 본보기로 지목한다. 독일은 2014년에 무상 대학교육을 선언한 뒤 대중의 이목을 끌었는데, 대부분은 호의적인 반응이었다. 다른 나라들은 왜 수업료를 폐지할 수 없는가라는 의문을 갖는 한편, 독일은 어떤 과정을 거쳐 그렇게 했는지, 그리고 미국도 똑같이 할 수 있을지 검토해 보는 것도 의미 있는 일이다. 정책 분석가 마크 헐스먼(Mark Huelsman)은 독일이 이것을 감행할 수 있었던 데에는 두 가지 요인이 작용했다고 주장한다(ATTN Staff, 2015). "첫째, 그들은 더 높은 세금을 내는 데 전적으로 동의했다. 둘째, 독일은 여기 미국에서보다 대학에 가는 학생들의 비율이 낮다." 더 중요한 건, 독일 대학에서는 보통 대학 내 기숙사, 대형 경기장, 소규모 수업을 찾아볼 수 없다는 점이다. 독일 대학제도를 미국과 단순 비교할 경우 독일사회가 직업, 고용, 전문 훈련, 교육을 구조화한 방식을 놓치게 된다. 독일의 고등교육은 종합대학과 공학, 의학, 경제학 분야의 고등교육 기관, 그리고 다양한 단과대학 및 직업학교들 사이에 확연하게 구분되는 차이가 있다.

여러 가지를 고려해 볼 때, 이러한 시스템은 독일 입장에서 모두에게 이익이 되는 상황으로 보인다. 외국 학생들의 거의 절반이 졸업 후에도 독일에 남아 세금을 내고 숙련된 노동력을 노동시장에 제공하기 때문이다. 국제교육연구소의 자료에 따르면, 현재 만 명 이상의 미국 학생들이 독일 고등교육 프로그램에 재학 중이다. 이 수치는 전 학년도에 비하면 9퍼센트 가까이 증가한 것이고, 2008-2009학년도에 비해서는 25퍼센트 증가한 것이다(Institute of International Education, 2015).

결론

학생 본인을 포함하여 가족, 대학, 주, 국가 모두 학생이 수익 창출의 대상이며 교육의 질은 학생들의 경제적 투자수익률로 환원될 수 있다고 보고 있어서, 고등교육을 점점 더 거래적 방식으로 생각할 수밖에 없는 상황이다. 이러한 분위기는 고등교육의 본질인 변혁적 속성을 사라지게 만들 위험이 있다. 졸업생들의 평균 임금으로 대학을 판단하는 것은 학교 체육관이 얼마나 크고 멋진가보다 교육의 질을 평가하는 더 좋은 방법일 수도 있겠지만, 그것은 다른 많은 요소들을 놓치고 있다. 경제적 용어로는 잘 포착되지 않지만 고등교육을 더 중요하게 만드는 인간적 요소들이다. 그런 식의 사고는 서로 다른 배경을 가진 사람들을 만나 함께 공부하고, 새로운 도시와 국가를 경험하며, 평생 가는 개인적이고 직업적인 우정을 키우는 한편, 새로운 관심 분야를 탐색하는 일이 지닌 내재적 가치를 간과한다. 또한 견문 넓은 시민들로 이루어진 지역사회가 주는 이점과 예컨대 교육과 비영리 부문처럼 보수는 낮아도 결정적으로 중요한 분야에서 경력을 쌓는 졸업생들이 제공할 수 있는 공적 혜택도 간과한다.

스웨덴과 독일의 예에서 보듯이 다른 나라의 고등교육 제도를 조사해보면, 무상으로 이루어지는 고등교육 시스템을 만들기 위해서 사회에 매우 중요한 가설(assumptions)과 가치를 설정하고 심지어는 이 시스템의 구축을 위해 다른 중요한 것을 포기하기까지 한다는 점을 알 수 있다. 미국 대학들은 4년제 학생 수를 줄이고 그 대신 특정 직업에서 요구하는 지식과 기능을 배우려는 학생들에게 경쟁력 있는 대안을 제공할 수 있는 양질의 직업교육 및 기술교육 시스템을 새롭게 만들 필요가 있다. 유럽의 많은 나라는 바로 이렇게 함으로써 그런 길을 가고자 하는 사람들에게 더 접근하기 쉽고 저렴한 고등교육 기회를 제공하였다.

적잖은 빚을 안은 채 졸업을 앞둔 학생으로서 우리가 처한 상황을 생각해 보면, 고등교육을 거래 관점에서 보는 것은 불가피하다는 점을 인정하지 않을 수 없다. 그것은 거대한 산업이며, 우리가 받은 교육은 우리의 미래 수입에 생각보다 더 큰 영향을 미칠 것으로 예견된다. 하지만 그렇다고 해서 이것이 고등교육이 본래 가지고 있는 이상을 실현하는 데 꼭 방해물이 된다고 볼 필요는 없다. 왜냐하면 거래적 교육 서비스가 전반적으로 이루어지고 있는 상황 속에서도 학생들을 위한 혁신적인 교육 경험을 디자인할 수 있기 때문이다. 예를 들어, 오하이오주에 있는 소규모의 인문대학인 데니슨대학교는 최근 국제통상 전공을 새롭게 개설하였다. 데니슨대학교가 중점을 두는 가치는 학생들에게 자율적인 사고를 하고, 도덕적인 행위들을 분별하며, 민주사회에서 능동적인 시민이 되도록 영감을 주고 교육하는 일이다. 하지만 국제통상 전공을 새로이 설계함으로써 전문성을 갖기 전인 학부교육이 갖는 거래적 성격의 중요성을 인정했고, 학생들의 직업적 흥미를 활용하여 인문 교과 학습을 진작시키는 동시에 인문 교과 학습을 활용하여 전문성 추구를 촉진하고자 하였다. 예를 들어, 그 자체가 거래를 주제로 하는 국제통상학을 공부하는 동안 학생들은 언어를 학습하고 세계 곳곳의 학생 및 학자들과 교류하며, 경제 시스템을 연구하고, 권력 구조에 대한 비판적 시각을 키우는데, 이 모든 것들은 그 자체로 인문 교과에서 다루는 내용과 깊이 연관되어 있다. 이렇게 데니슨대학은 고등교육의 거래적 관점(이 경우, 학생들의 미래 직업 전망과 경제적 투자수익률을 높이는 일)과 핵심적인 교육가치 사이의 잘못된 양자택일을 거부했다.

재정적 부담이 커질수록 계속해서 진정한 학습에 중점을 두기가 점점 더 어려워진다. 우리는 고등교육의 거래적 성격을 한탄하기보다 그것이 고등교육의 근본적인 목적을 압도하지 않도록 하는 데 중점을 둘 필요가 있다. 동시에 고등교육이 그 초점을 단지 현재의 소비자 겸 미래의 노동자가 아닌 사람의 발전에 우선적으로 맞출 수 있도록 고등교육의 기회와 질, 비용 문제에 관심을 기울여야 한다.

참고문헌

AACRAO. (2015). *Republican governors' shared goals for higher ed: accountability and workforce preparation*. Retrieved from http://www.aacrao.org/resources/resources-detail-view/republican-governors--shared-goals-for-higher-ed-accountability-and-work-force-preparation

Altbach, P. G., Reisberg, L., & Rumbley, L. E. (2009). *Trends in global higher education: Tracking an academic revolution*. Paris: UNESCO. Retrieved from http://s3.amazonaws.com/academia.edu.documents/30910755/Altbach__Reisberg__Rumbley_Tracking_an_Academic_Revolution__UNESCO_2009.pdf?AWSAccessKeyId=AKIAJ56TQJRTWSMTNPEA&Expires=1474212382&Signature=TYbQ%2BSeT5ojIURs4Y9dSSs9w%2FaY%3D&response-content-disposition= inline%3B%20filename%3DTrends_in_global_higher_education_Tracki.pdf

ATTN Staff. (2015). *How does Germany afford free tuition for all of its citizens?* (March 27). Retrieved from http://www.attn.com/stories/211/how-does-germany-afford-free-tuition-all-its-citizens

Cronon, W. (1998). Only connect.... The goals of a liberal education. *American Scholar, 67*(4).

Davis, A., Kimball, W., & Gould, E. (2015). *The class of 2015: Despite an improving economy, young grads still face an uphill climb*. Retrieved from http://www.epi.org/publication/the-class-of-2015/

Deming, D., Goldin, C., & Katz, L. (2013). For-profit colleges. *The Future of Children, 23*(1). Retrieved from http://scholar.harvard.edu/files/goldin/files/for-profit_colleges.pdf

Department of the Treasury and Department of Education. (2012). *The economics of higher education*. Washington, DC: Department of Treasury. Retrieved from https://www.treasury.gov/connect/blog/Documents/20121212_Economics of Higher Ed_vFINAL.pdf

English, C. (2011). *Most Americans see college as essential to getting a good job*. Retrieved from http://www.gallup.com/poll/149045/americans-college-essential-getting-good-job.aspx

Forbes. (2016, July). *The colleges ranking: the full methodology*. Retrieved from http://www.forbes.com/sites/carolinehoward/2016/07/06/top-colleges-ranking-2016-the-full-

Howard, M. (2013). Foreword. In M. Fennell, & S. Miller (Eds.), *Responding to the commoditization of higher education*. Retrieved from http://www.presidentialperspectives.org/pdf/2013/2013-chapter-0-and-1-against-the-windmills-he-commoditization-cevallos.pdf

Institute of International Education. (2015). Top 25 Destinations of U.S. Study Abroad Students, 2012/13--2013/14. *Open Doors Report on International Educational Exchange*. Retrieved from http://www.iie.org/opendoors

Mortenson, T. G. (2012). *State funding: A race to the bottom*. Retrieved from http://www.acenet.edu/the-presidency/columns-and-features/Pages/state-funding-a-race-to-the-bottom.aspx

Oliff, P., Palacios, V., Johnson, I., & Leachman, M. (2013). *Recent deep state higher education cuts may harm students and the economy for years to come*. Retrieved from http://www.cbpp.org/sites/default/files/atoms/files/3-19-13sfp.pdf

Onink, T. (2015). *Unless you're average, college ROI and best value rankings are misleading*. Retrieved from http://www.forbes.com/sites/troyonink/2015/07/31/unless-your-average-college-roi-and-best-value-rankings-are-a-waste-of-time/#6c76bea5684f

Phillips, M. (2013, May). The high price of a free college education in Sweden. *The Atlantic*. Retrieved from http://www.theatlantic.com/international/archive/2013/05/the-high-price-of-a-free-college-education-in-sweden/276428/?utm_source=atlfb

Rawlings, H. (2015). *College is not a commodity stop treating it like one*. Retrieved from https://www.washingtonpost.com/posteverything/wp/2015/06/09/college-is-not-a-commodity-stop-treating-it-like-one/

The White House. (2012). *Remarks by the president at national governors' association meeting*. Retrieved from https://www.whitehouse.gov/the-press-office/2012/02/27/remarks-president-national-governors-association-meeting

Sanders, B. (2016). *It is time to make college tuition free and debt free*. Retrieved from https://berniesanders.com/issues/its-time-to-make-college-tuition-free-and-debt-free/

Saul, S. (2016). *Recruiting students overseas to fill seats, not to meet standards*. Retrieved from http://www.nytimes.com/2016/04/20/us/recruiting-students-overseas-to-

fill-seats-not-to-meet-standards.
html?_r=0

National Center for Education Statistics. (2016). *The condition of education 2016* (2016, May). Retrieved from http://nces.ed.gov/pubs2016/2016144.pdf

Xinhuanet News. (2015). International education earns Australia 17.6 bln AU dollars in 2014. Retrieved from http://news.xinhuanet.com/english/2015-06/22/c_134346610.htm

Zong, J., & Batalova, J. (2016). *International students in the United States*. Retrieved from http://www.migrationpolicy.org/article/international-students-united-states

제9장 우리는 난제들로부터 무엇을 배울 수 있는가

앞서 각 장의 집필자들은 세계 교육개혁 논쟁에서 왜 난제들이 필요한지, 그리고 왜 거기서부터—답만이 아니라—새로운 질문들을 도출해내는 일이 때로는 논쟁에서 옳다고 인정받거나 이기는 일보다도 더 유익한지 밝히고자 했다. 따라서 결론에 해당하는 이 장 역시 최종적인 답을 제시하거나 앞 장들의 논의를 종합하는 방식으로 마무리하지는 않으려고 한다. 그 대신 우리는 학생들과 한 학년도 수업을 모두 끝내고 그들이 쓴 글을 읽으면서 미국과 그 외 지역에서 일어나고 있는 교육 변화에 관한 우리의 생각과 학생들의 생각이 공명함을 확인한 후 떠오른 생각들을 간략히 제시하려고 한다. 이하의 내용에서는 의도적으로 미국의 교육정책과 실제에 초점을 둘 것이다. 전 세계 여러 다른 나라와 그 교육체제에 대해서도 유사한 결론을 내릴 수 있을 것으로 본다.

정합성의 중요성

미국에서 공교육의 목적에 관한 합의에 도달하기란 거의 불가능하다. 정부와 학생들 사이에는 어떠한 사회 계약도 존재하지 않는다. 국가의 교육 의제가 온전히 선행 정책에 따라 결정되지 않고 교육부와 주 정부, 지역 교육청은 다 제각각 움직인다. 너무 많은 개혁이 추진된 결과 학교를 어떻게 개선할지 또는 그냥 놔둬야 할지 관계자들 사이에 인식이 공유되기는커녕 오히려 혼돈과 좌절에 이르게 되었다고밖에 말할 수 없을 듯하다.

미국 경제교육국가위원회(National Center on Education and the Economy, NCEE)의 마크 터커(Marc Tucker)는 이러한 혼돈과 좌

절의 원인을 개혁가들이 기존의 무수한 프로그램 위에 또 다른 프로그램들을 끊임없이 추가한 탓으로 돌린다(Tucker, 2011). 이런 형태의 개혁 추진 결과, 미국 학교들은 실질적으로 교수학습을 개선하고 강화하는 데에 에너지와 자원을 쓰기보다 이 무수한 개혁 과제를 실행할 방법을 파악하는 데 과도한 시간을 소비하는 경우가 많다. 이처럼 지나치게 많은 교육개혁 방안들을 추진하는 행태는 다른 OECD 국가에서도 비슷하게 나타나고 있다. OECD의 베아트리즈 폰트(Beatriz Pont)는 2015년 10월에 있었던 교육학 대학원 강의에서 2008년과 2014년 사이에 450개 이상의 개혁 과제들이 쏟아져나왔다고 말했다.

이러한 현상은 미국에서 국가적 차원으로 심하게 나타난다. 시작은 조지 W. 부시 행정부에서 통과된 아동낙오방지법(No Child Left Behind, NCLB)이었다. 부시 행정부는 학교 교육에 일정 수준의 책무성을 요구했는데, 대통령은 "낮은 기대치라는 부드러운 편견과 싸우기 위해서"라는 표현으로 그 의도를 밝혔다(Washington Post, 2004). 이 법은 2014년까지 모든 학생이 수학과 읽기에서 학년별로 정해진 성취기준에 도달해야 한다고 규정했다. 이것은 학교가 이 숭고한 목표에 도달하기 위해 다양한 수업 전략과 새로운 교육과정, 전문성 계발 세션을 이행해야 한다는 의미였다.

놀라울 것도 없이, 아동낙오방지법은 얼마 못 가서 각 주체에 대한 비난을 에둘러 표현하는 말이 되어버렸다. 즉, 교사들은 담당 학생들이 주에서 제시한 성취기준에 도달하지 못했다는 이유로, 학교는 수업 대신 시험 대비 교육을 했다는 이유로, 정치가들은 좋은 취지로 법을 만들기는 했지만 실제 교수학습 개선으로 이어지지는 못했다는 이유로 비난의 대상이 되었다. 책무성이라는 말은 본래 학생의 성적을 높이고자 도입된 아동낙오방지법의 핵심축이었지만 엉뚱하게도 손가

락질을 위한 허가증이 되었다.

　　오바마 대통령은 100퍼센트 숙달이라는 성취기준에 도달하지 못한 45개 주에 제재 면제권을 부여하여 법에서 정한 의무를 면해주는 해결책을 제시했다(Center on Education Policy, n.d.). 해당 주들은 이러한 완화 조치를 적용받는 대신 모든 학생을 대상으로 대학 진학과 취업 준비에 초점을 맞춘 새로운 목표치를 세우겠다고 약속해야 했는데, 그것은 오바마 대통령의 대표적인 교육 프로그램 '최고를 향한 경주(Race to the Top, RTTT)'가 내세우는 주된 신조 중 하나였다. 이러한 면제 조치 덕분에 해당 주들은 낙제라는 딱지를 붙인 채 극심한 제재를 받는 일은 피했지만, 동시에 학교 지도자들의 행동 유인에 변화가 생겼다. 심적 부담이 커진 교장과 교사들은 이제 학생들이 학년별로 정해진 목표에 도달하도록 닦달해야 했고 진학과 취업 준비도 시키면서 시험 점수를 통해 교육자로서의 역량을 입증해 보여야 했다.

　　버몬트주에서 일어난 고약한 상황을 살펴보자(Holcombe, 2014). 버몬트주는 국가교육성취도평가(NAEP)에서 전국적으로 우수한 주 중의 하나로 꾸준히 선정되었고, 수학·과학 성취도 추이 변화 국제비교연구(Trends in International Mathematics and Science Study)는 버몬트주를 8학년 수학 분야에서 세계 7위에 올렸는데도, 미국 교육부는 버몬트주에 있는 거의 모든 학교를 낙제라고 규정했다. 버몬트주 교육부 장관 리베카 홀컴(Rebecca Holcombe)은 오바마 행정부의 면제 조치를 거부하여 언론에 대서특필되었다. 그렇게 한 이유는 홀컴의 교육부가 나쁜 책무성 기준(모든 학생이 반드시 목표 수준에 도달해야 한다는 것)을 또 하나의 나쁜 책무성 기준(학생의 시험 점수로 교사들을 평가한다는 것)으로 대체하는 방법이 옳지 않다고 믿었기 때문이었다.

　　버몬트주와 같은 사례들은 선의의 개혁이 얼마나 쉽게 지역사회에 혼란스러운 메시지를 주는지, 그리고 아동낙오방지법을 대체하여 2016년에 제정된 모든 학생 성공법(Every Student Succeeds Act, ESSA)이 입법을 통해 답을 찾고자 했던 난제를 명료화하는 데 왜 여태껏 아무 역할도 못 하고 있는지를 잘 보여준다. 이런 유형의 부정합성은 학교에 심각한 결과를 가져오며, 어쩌면 그것은 문제에 대한 명확한 이해가 부족한 데서 비롯되는지도 모른다.

협업의 중요성

정합성 부재에서 비롯되는 개탄스러운 상황 중에서 교사와 학생의 협업을 지지하는 내적 기반이 없다는 것이 가장 우려되는 부분이다. 학구, 주, 연방정부 수준의 책무성 규정으로 인한 예상외의 비용 때문에 교육자들은 어쩔 수 없이 협업의 기회를 저버린 채 시험 대비 수업에 목을 매달 수밖에 없다. 최고를 향한 경주(RTTT) 체제 하에서 장려했던 가치 포함 평가 기준조차도 학생의 성장에 끼치는 개별 교사의 영향력에만 초점을 둘 뿐 학생이 학업 과정을 거치는 동안 영향을 받을 수도 있는 여러 다른 교사에 대해서는 고려하지 않는다.

하향식 책무성이 주는 압박 때문에 자기가 맡은 학생들의 성장 외에 무언가의 개선을 위해 교사들이 책임을 분담해야 할 행동 유인이 대부분 사라져버렸다. 이것은 아마도 미국의 공립학교와 핀란드, 캐나다, 에스토니아, 싱가포르 같은 나라의 우수한 해외 시스템 사이에 존재하는 가장 큰 차이점일 것이다. 이들 시스템에서는 교사들이 협업할 수 있는 시간을 마련하기 위해 사려 깊은 노력과 투자를 아끼지 않았다.

불행하게도 미국의 정책들은 협업을 전적으로 포기했고, 그럼으로써 학교에 악영향을 끼쳐왔다. 예를 들어, 교사들의 높은 이직률은 교직이 고립되어 있다는 인식과 일부 연관이 있다. 즉 교사들이 교실에서 홀로 자신을 방어해야 한다는 인식이다. 이러한 노동 조건 때문에 전미교육협회(NEA)는 신규 교사의 절반이 5년 이내에 교직을 떠난다고 보고했는가 하면, 미국 교사들에 관한 메트라이프의 연례 조사 결과에서는 미국 교사들의 사기가 1991년 이후 최저 수준에 머물러 있는 것으로 나타났다(MetLife Survey of the American Teacher, 2013).

걸핏하면 학교 실패를 비난하는 정치적 환경에서는 교사들이 긴밀하게 협업할 기회가 거의 없으며, 아무 때나 책무성 기준을 들이대어 교사들이 수행해야 하는 많은 역할을 잠식하는 상황에서는 더욱 그러하다. 12명의 전 애틀랜타 공립학교 직원 및 전임 교육감을 사기 혐의로 기소한 2015년의 형사 사건(Blinder, 2015)을 보면, 슬프게도 연방정부의 당시 책무성 규정과 현재의 주 법령들이 당초 의도와 달리 협업을 장려하지 않으며 교사와 학생들을 실패로 이끌고 있음을 상기하게 된다. 교사 협업을 위한 행동 유인이 없다면 교직에 대한 인식은 계속해서 악화될 것이고 교사들은 학생과 관련한 어려움을 혼자서 극복해야 하는 상황이 지속될 것이다.

학생 협업 역시 교육개혁을 위한 난제들을 구성할 때 고려해야 할 핵심사항이다. 실패는 협업의 과정에서 언제든지 경험할 수 있는 불가피한 부산물이다. 하지만 실패는 미국 학교들이 바라는 선택지가 아니다. 학생들은 위험을 감수하고 프로젝트를 함께 진행하며 역량을 보여주도록 장려되어야 한다. 인내와 끈기, 문제해결 능력은 모두 과거의 실패를 극복하려고 애쓰는 과정에서 생기는 자질이다. 놀라울 것도 없이, 이것은 고용주들이 신입사원에게서 매력적으로 꼽는 역량이기도 하다.

핀란드와 같은 외국의 사례를 보면 교사들이 서로 협업할 필요가 있다는 점을 존중해주자, 교과지식과 교수법을 향상시킬 여유가 생겼을 뿐만 아니라 교사의 전문성 제고가 학교 개선과 직결되는 지원 시스템이 갖추어지게 되었다.

다양한 고등교육 경로의 중요성

교육을 많이 받은 사람들이 적게 받은 사람들에 비해 더 많은 돈을 버는 것은 사실이지만, 학생들의 대출 빚이 1조 2,000억 달러에 달하고 지난 10년 동안 수백만 개의 일자리가 사라졌다는 사실로 인해 교육적 성과가 수입 좋은 직업을 보장한다는 믿음은 크게 흔들리고 있다. 대학 학비가 모든 학생이 감당할 만큼 저렴하지 않고 또 청년들에게 학자금 대출이 지나치게 부담스럽다면 대학 진학과 취업 교육을 학생들을 위한 비전으로 제시하기가 어려워진다.

학업적 역량과 고용에 필요한 역량이 서로 어긋난다는 점을 감안할 때, 개혁가들이 모두를 위한 대학(college-for-all)이라는 주문(呪文)을 옹호하는 것은 특히 우려스럽다. '아는 것이 힘 프로그램(Knowledge is Power Program, KIPP)'과 같은 차터 운동을 따르는 학교들과 '티치 포 아메리카(Teach for America)'와 같은 프로그램에서 흔히 볼 수 있는 이 메시지는 4년제 대학에 가고 싶지 않은 많은 학생들이 대안적인 고등교육 경로를 선택하는 것을 본의 아니게 방해한다. 젊은 사람들이 오늘날의 경제 상황에서 4년제 대학의 투자 효율성이 높지 않다고 생각하든, 아니면 단지 공부보다 일을 더 선호하든, 미국의 학교들은 진학과 취업 목표가 상이한 학생들에게 기존의 경로 외의 대안을 제공하지 않았다. 결과적으로 학생들은 학교를 중퇴하거나 대학 진학을 아예 고려조차 하지 않는 등, 그들이 포기하게 될 장기적인 기회의 전체적인 맥락을 이해하지 못한 채 단기적인 결정을 내리기도 한다.

모두를 위한 대학 운동이 갖는 문제점은 많은 젊은이가 대안적인 경로를 통해서 학업을 계속하거나 취업을 준비하는 일에 엄청난 도움을 받을 수 있다는 사실에 근시안적이라는 점이다. 그러나 이 대안적인 프로그램들은—특히 직업학교와 진로 및 기술교육 프로그램의 경우—미국에서 저소득층 아이들과 유색인종 아이들의 2류 교육을 위탁받은 곳이라는 경멸적인 인식과 현실로 인해 고전하고 있다.

이 부분에서도 역시 스위스, 핀란드, 싱가포르 같은 나라의 교육 체제는 다양한 고등교육 경로에 투자함으로써 얻는 이익을 훌륭히 입증해 보인다. 이들 나라는 모두 공대 캠퍼스 안에 첨단 기술 시설을 갖추고 새로운 교육과정을 도입하며 인력 인증 시스템을 마련하는 데 투자함으로써 직업 교육에 대한 이미지를 바꾸려고 노력했다. 핀란드와 싱가포르 정부는 노동집약적 수출주도 경제를 역량기반 경제로 전환하는 과정에서 학생들에게 다양한 경로를 제공하기로 하는 개혁을 단행했다. 핀란드의 경우 이러한 경로는 대단히 인기가 있어 고등학생의 43퍼센트가 직업학교에 다닐 정도이다(Jackson & Hasak, 2014). 이와 유사하게 싱가포르에서도 학생들이 초중등학교 과정에서 학업의 기초를 탄탄히 다진 후에 세 가지 유형의 고등학교, 즉 대학 진학을 준비하는 전통적인 학문중심교육 경로, 고급 직업 및 기술 훈련에 중점을 두는 종합기술교육 경로, 하급 직업 및 기술 훈련에 중점을 두는 기술교육 경로 중 하나를 선택할 수 있도록 하고 있다.

이 두 모델은 대학에 진학하지 않는 청소년을 위한 형식적인 자리로 만들어진 것이 아니라 고등교육에 대한 대중적인 대안으로 제안되었다는 점에서 상당히 눈길을 끈다.

오바마 대통령이 2015년 초에 제안한 커뮤니티 칼리지(지역사회의 필요에 따른 과정을 제공하는 2년제 지역 대학—옮긴이) 방안도 대안적 경로에 대한 공적 쇄신 차원에서 중요한 한 걸음을 내딛는 신호였다. 이러한 대안적 경로는 미국의 젊은이들이 중등교육 이후 취업과 연관된 경험과 기술을 습득할 수 있게 도움을 주기 위함이었다. 대학에 다니는 젊은이들의 비율이 줄기 시작했음을 고려할 때, 이러한 현상은 환영할 만한 변화의 과정이다(Casselman, 2014). 그래도 경제적 투자는 물론 훨씬 더 많은 정치적 투자가 필요한 상황이다.

시설이 낡아빠진 캠퍼스나 교사들의 실력이 미흡해 학업 및 기술적 지원을 제공하기 힘든 프로그램에 학생들을 보내달라고 부모들이 학교에 요청하는 일은 없을 것이다. 그러나 역량(skills)이 세계적으로 통용되는 21세기 경제의 화폐가 된 마당에, 하나의 고등교육 경로만 둔다는 것은 학생들에게 명백히 불공정한 기회를 제공하는 것이다. 고등교육에 이르는 다양한 경로도 없고 학업 활동과 진로 간 연계가 뚜렷하지 않은 상황에서, 학생들은 대학이 성공적인 삶을 위한 가장 좋은 기회라고 말하는 메시지에 아무런 흥미도 의욕도 느끼지 못한 상태로 머물 가능성이 높다.

이 책의 각 장을 통해 세계 교육개혁 운동에서 나타난 문제들을 다른 각도에서 바라본 것은 단지 독자들에게 명쾌한 답을 제시하기 위해서가 아니었다. 우리 모두가 온 세계의 학교들을 강화하고 학생들을 위해 노동시장과 삶의 질을 개선하기 위해서는, 또 다른 답을 제시하려는 충동을 억제하고 그보다 먼저 우리가 답을 찾고자 하는 문제를 제대로 이해하기 위한 노력을 기울여야 할 것이다.

미래의 중요성

 교육변화에 관한 난제를 이해하고 좀 더 깊이 있는 대화를 나누게 되면 여러 교육체제의 상황 개선을 저해하는 당면 문제들을 해결하는 데 도움이 될 것이다. 성공적인 교육체제와 나아지지 못하고 고전하는 체제는 이런 본질적인 문제들이 국내 정치와 공개 토론에서 다루어지는 방식 면에서 차이를 보인다. 우수한 교육체제들은 먼저 교육의 목적을 이해하는 데 투자를 하고 그 이후에 학교교육의 미래를 위한 고무적이면서도 공유될 수 있는 비전을 세운다. 이러한 교육체제들의 예로는 캐나다 앨버타주, 싱가포르, 핀란드를 들 수 있다.

 하지만 교육은 역동적인 과정이며 세상과 그 안의 사회가 진화함에 따라 끝없이 변화한다. 가장 성공적인 교육체제조차 새로운 도전이 생기면 예기치 못한 어려운 문제에 직면하게 된다. 교육자들이 현재 이용 가능한 데이터를 바탕으로 연구하면서 마주하게 되는 난제들과 씨름하는 것도 중요하지만, 한 걸음 더 나아가 변화를 주도하려면 장래에 마주하게 될 문제들을 예견할 수 있어야 한다.

 예를 들어, 세계화의 심화와 그로 인해 발생하는 많은 갈등으로 인해 역사적으로 균일한 상태를 유지했던 교육체제들은 혼란에 빠지기 시작했다. 가령 핀란드에서는 매우 우수하고도 균일한 상태를 유지해오던 기존의 교육체제가 시리아에서 온 난민 아동들로 인해 새로운 도전에 직면하게 되었다. 세계 곳곳의 분쟁으로 많은 나라에서 소수 집단이 계속 늘어남에 따라, 미국이 오래전부터 씨름해 왔던 인종과 형평성의 문제가 이제는 세계적인 문제로 부상하고 있다. 더 나아가, 우리가 인종과 형평성이라는 말에 담았던 의미가 갈수록 다양해져서 이제는 전통적인 흑백 범주를 넘어서는 대화를 촉진하게 될 것이다. 라틴계

인구의 대규모 유입, 성소수자(LGBT)에 대한 새로운 인식, 그리고 예전에는 소수 집단으로 여겨지지 않았던 다른 여러 집단이 새롭게 등장함에 따라, 앞으로는 교육체제가 이 새로운 이해관계자들을 어떻게 다루어야 할 것인지가 더욱 중요해질 것이다.

마찬가지로, 영국, 호주, 미국과 같은 나라들이 책무성과 표준화, 데이터 중심 평가에 기초한 개혁을 추진한 지 10년이 넘어감에 따라 그것이 아이들이나 학부모, 교육자들의 정신건강에 끼쳤을 영향에 대한 관심이 증가하고 있다. 오랫동안 아시아 지역 교육체제의 특징이자 상대적으로 높은 자살률과 우울증의 요인으로 추정되어온 압박감과 불안감, 그리고 교육 성과에 대한 검증은 이제 점차 세계적인 현상이 되어가고 있다. 이 책에서 개략적으로 제시된 여러 세계적 트렌드와 관련하여, 최근 뉴욕시는 미국 최대 도시의 정신건강에 대한 관심을 높이고 이를 개선하고자 스라이브뉴욕(ThriveNYC) 프로그램을 개시했다(Understanding New York City's mental health challenge, n.d.). 스라이브뉴욕 프로그램의 골자는 뉴욕시 교육부와의 파트너십을 통해 다양한 배경의 학부모와 교사들에게 정신건강 대응 방법을 알려주는 것이다. 이것은 아이들에게 오늘날의 데이터 중심 고부담 교육 환경에서 잘 살아남는 기술을 가르치기 위한 하나의 방편이다.

급격하게 늘어나고 있는 난제들로 인해 교육이 고전을 면치 못함에 따라, 학생, 교사, 학부모, 행정가, 정책입안자 등 모든 교육 관계자들이 세계적인 추세에 적응하도록 도우려면 스라이브뉴욕과 같은 프로그램들이 필요하게 될 것이다. 나아가 경제, 정치, 인구, 환경의 지속적인 변화에 따라 불가피하게 나타날 새로운 문제들에 대한 통찰을 잃지 않기 위해서도 지속적인 관심이 요구된다.

우리는 미래의 혁신가들이 이 책에서 논의된 여러 문제를 발판으로 역량을 키워 정치적 제약에서 자유로운 교육체제를 새롭게 상상할 수 있기를 기대한다. 정치가와 당국자들이 학교의 미래에 관한 다양한 시나리오에 따라 교육변화에 관한 난제들이 어떻게 영향을 받을지 고려하지 않은 채 대처하는 경우가 너무나 많다.

참고문헌

Blinder, A. (2015, April 1). *Atlanta educators convicted in school cheating scandal*. [Press release]. Retrieved from http://www.nytimes.com/2015/04/02/us/verdict-reached-in-atlanta-school-testing-trial.html?_r=0

Casselman, B. (2014, April 22). *More high school grads decide college isn't worth it*. [Blog post]. Retrieved from http://fivethirtyeight.com/features/more-high-school-grads-decide-college-isnt-worth-it/

Center on Education Policy. (n.d.). *Home page*. Retrieved from http://www.cep-dc.org/index.cfm?DocumentSubTopicID=48#Tracking

Holcombe, R. (2014). *Vermont's commitment to continuous improvement*. Retrieved from http://education.vermont.gov/sites/aoe/files/documents/edu-data-ayp-memo-parents-2014.pdf

Jackson, J. H., & Hasak, J. (2014, Fall). *Reframing, reimagining, and reinvesting in CTE*. [Blog post]. Retrieved from http://www.aft.org/ae/fall2014/jackson_hasak

MetLife Survey of the American Teacher (2013, February) Retrieved from https://www.metlife.com/assets/cao/foundation/MetLife-Teacher-Survey-2012.pdf

National Education Association (2015). Research spotlight on recruiting and retaining highly qualified teachers. Retrieved from http://www.nea.org/tools/17054.htm

Tucker, M. (2011). Researching other countries' education systems. *Surpassing Shanghai: An agenda for American education built on the world's leading systems*. Cambridge, MA: Harvard Education Press.

Understanding New York City's mental health challenge. (n.d.) Retrieved from http://www1.nyc.gov/nyc-resources/thrivenyc.page

Washington Post. (2004, May 2). President Bush's acceptance speech to the Republican National Convention [Press release]. Retrieved from http://www.washingtonpost.com/wp-dyn/articles/A57466-2004Sep2.html

저자 소개

조너선 하사크(Jonathan Hasak)는 비영리 청소년 교육기관 이어업(Year Up)의 공공정책 및 대정부 업무 관리자이다. 연방과 지역의 교육 및 인력개발 정책에 영향력을 행사함으로써 미국 내 기회 격차를 좁히고자 노력 중이다. 조너선은 로스앤젤레스 통합 학구에서 행동치료사로 직장생활을 시작했다. 이스라엘 텔아비브에서 영어를 가르치다가 샌프란시스코 베이 지역의 티치 포 아메리카(Teach for America) 프로그램에 합류했다. 오클라호마 통합 학구에서 3년을 보내는 동안 조너선은 특수교육 교사, 중재 코디네이터, 특수임무 교사로 일했다. 또한 보스턴 공립학교 데이터 및 책무성 사무소(Office of Data and Accountability)에서 근무하면서 학교 지도자들에게 전문성 개발 기회와 데이터 분석 결과를 제공했다. 그는 하버드 교육대학원에서 교육정책경영학 석사 학위를, 바드칼리지에서 문예창작학 학사 학위를 받았다. 조너선은 10편 이상의 논문과 논평을 발표했으며 직무능력 격차, 교육에서 부문 간 협력의 필요성, 교육개혁에서 취업준비도의 중요성에 관해 자주 글을 쓴다.

바네사 로드리게즈(Vanessa Rodriguez)는 뉴욕대 의학대학원 공중보건학과의 영유아건강발달센터 조교수이다. 하버드 대학교에서 인간발달교육학으로 박사 학위를 받았다. 바네사는 하버드에서 교육정책경영학 석사 학위를, 뉴욕시티칼리지에서 교육학 이학석사 학위를 취득했다. 또한 10년 이상 뉴욕시 공립학교에서 교직 생활을 했다. 현재의 연구와 교수 활동은 마음·뇌·교육(Mind, Brain, and Education) 프로그램을 근간으로 하며, 교사의 사회·정서 인지와 발달에 초점을 두고 있다. 바네사는 『The Teaching Brain(가르치는 뇌)』의 저자이며, 전 세계에서 이 주제에 관한 강의 요청을 받는다.

파시 살베리(Pasi Sahlberg)는 저술가, 연구원, 강연자이자 호주 시드니 뉴사우스웨일즈대학교 곤스키교육연구소(Gonski Institute for Education)의 교육정책 교수다. 그로마이어 상(Grawemeyer Award, 미국 루이스빌대학교에서 매년 세계질서, 심리학, 교육학, 작곡, 종교 등의 5개 분야에서 창발적인 사상과 업적을 이룬 인물들에게 수여하는 상—옮긴이)을 수상한『핀란드의 끝없는 도전(Finnish Lessons)』을 집필했다. 핀란드 교육문화부 국제이동센터(Centre for International Mobility, CIMO)의 전 사무국장이었고, 하버드대학교 교육대학원의 전 초빙 교수였다. 파시는 핀란드에서 교사, 교사교육자, 교육정책 자문으로 일했으며, 세계은행(World Bank), 경제협력개발기구(OECD), 유럽연합 집행위원회(European Commission), 유엔 기구 등 다수의 국제기구와 컨설팅 회사를 위해 교육전문가로 활약했다. 지난 20년 동안 세계 각국의 교육개혁을 분석하고 미국, 캐나다, 유럽, 호주, 중동, 아프리카, 아시아의 교육계 지도자들과 함께 연구했다. 또한 워싱턴 DC에 위치한 세계은행과 이탈리아 토리노에 위치한 유럽직업훈련재단(European Training Foundation)의 전 직원이었다. 2013년 미국에서 그로마이어 상을 받았을 뿐만 아니라, 2012년 핀란드 교육상, 2014년 스코틀랜드 로버트 오언 상, 2016년 레고 상을 수상했다. 이 책에 대한 자세한 정보와 새로운 소식은 www.pasisahlberg.com와 트위터 @pasi_sahlberg를 참고하기 바란다.

하버드 교육대학원생들이 논한
21세기 교육의 7가지 쟁점

1판 1쇄 발행	펴낸이
2020년 3월 13일	이찬승
1판 2쇄 발행	
2020년 10월 14일	펴낸곳
	교육을바꾸는책

지은이
파시 살베리,
조너선 하사크,
바네사 로드리게즈 외

출판등록
2012년 04월 10일 제 313-2012-114호

주소
서울시 마포구 동교로 18길 20 자운빌딩 3층

옮긴이
이종태, 이찬승

홈페이지 http://21erick.org
이메일 gyobasa@21erick.org
포스트 post.naver.com/gyobasa_book
유튜브 youtube.com/gyobasa

편집
박지니, 강유리

디자인
우유니

전화 02-320-3600
팩스 02-320-3608

제작
류제양

책값은 뒷면 표지에 적혀 있습니다.
잘못 만든 책은 구입하신 서점에서 바꾸어드립니다.

ISBN
979-11-967446-3-2
(93370)

이 도서의 국립중앙도서관 출판예정도서목록(CIP)은
서지정보유통지원시스템 홈페이지(http://seoji.nl.go.kr)와
국가자료종합목록시스템(http://www.nl.go.kr/kolisnet)에서
이용하실 수 있습니다. (CIP제어번호: CIP2020006871)